M. L'ABBÉ P. HARISTOY

Curé de Ciboure

PÈLERINAGE

DE

SAINT JACQUES DE COMPOSTELLE

LES VOIES ROMAINES

LES CHEMINS ROMIUS

ET LES

ÉTABLISSEMENTS HOSPITALIERS

DANS LE

PAYS BASQUE

Prix: 1 fr. 50

PAU

IMPRIMERIE CATHOLIQUE — G. LESCHER-MOUTOUÉ, IMPRIMEUR

— 1900 —

PÈLERINAGE

EN

SAINT JACQUES DE COMPOSTELLE

STATUE EN MARBRE DE SAINT JACQUES
SUR LE MAÎTRE AUTEL DE COMPOSTELLE

M. L'ABBÉ P. HARISTOY

Curé de Ciboure

PÈLERINAGE

DE

SAINT JACQUES DE COMPOSTELLE

LES VOIES ROMAINES

LES CHEMINS ROMIUS

ET LES

ÉTABLISSEMENTS HOSPITALIERS

DANS LE

PAYS BASQUE

PAU

IMPRIMERIE CATHOLIQUE — G. LESCHER-MOUTOUÉ, IMPRIMEUR

— 1900 —

PÈLERINAGE

DE

SAINT JACQUES DE COMPOSTELLE

LES VOIES ROMAINES, LES CHEMINS ROMIUS

ET LES

ÉTABLISSEMENTS HOSPITALIERS DANS LE PAYS BASQUE

I

PROLOGUE

Notre siècle est dit le siècle des pèlerinages; il n'est pas le seul qui, dans l'histoire de l'Eglise, mérite ce nom. Pendant sept à huit siècles et plus, un pèlerinage a attiré de toutes les parties du monde des milliers et des milliers de pèlerins. Nous voulons parler du pèlerinage de Saint Jacques de Compostelle en Galice (Espagne), le plus célèbre du monde après les pèlerinages de Rome et de Jérusalem. Les foules qui, de nos jours, accourent au rocher de Massabielle, à Lourdes, peuvent seules donner une idée de celles, qui, longtemps, visitèrent le sanctuaire du grand apôtre d'Espagne. « Aujourd'hui, dit M. Siméon Luce, les gens riches ou du moins aisés entreprennent seuls de grands pèlerinages pour leur instruction ou pour leur plaisir. Autrefois au contraire, les classes laborieuses, les paysans et les ouvriers des villes s'adonnaient le plus aux pèlerinages » (1).

(1) Hist. de Bertrand du Guesclin, t. I, ch. VIII, p. 252.

P. H. 1

M. Adrien Lavergne, de son côté, dit : « Dans ces longs voyages, la vie en commun, des services réciproques établissaient des liens de vraie charité chrétienne ; la prière commune unissait les cœurs ; l'éloignement de la patrie, qui fait tant désirer de la revoir, les mêmes vœux pour le pays et pour le souverain excitaient dans les âmes les plus vifs sentiments du patriotisme ; l'horizon des esprits s'élargissait par la vue de mille objets nouveaux ; des relations se créaient de ville à ville, de province à province au profit de la civilisation » (1).

Les pèlerinages naquirent du même esprit que les Croisades. Dans les uns et les autres on trouve les mêmes élans de piété et souvent les mêmes personnages. Si, comme l'affirment plusieurs auteurs, Charlemagne, en allant lutter contre les Maures d'Espagne, n'a pas été à Saint Jacques de Compostelle, son souvenir se trouve dans les voies parcourues par les pèlerins de ce célèbre sanctuaire. Guillaume IX, duc d'Aquitaine, dont la fille Éléonore épousa d'abord le roi de France Louis le Jeune (1137), puis le roi d'Angleterre Henri II (1153), fit le pèlerinage de Compostelle (2). La légende des *Fioretti* nous dit que Saint François d'Assise aurait accompli le même pèlerinage (3). Une autre légende toute locale veut que Saint Bernard ait traversé nos pays et qu'il se soit arrêté dans l'hôpital de Ciboure (4). Depuis ces temps reculés, que d'illustres

(1) *Les chemins de St Jacques en Gascogne*, p. 1.
(2) Hist. de l'abbé Darras, t. 26, p. 374.
(3) *Fioretti di San Francesco*, éd. A. Cesari, ch. 18. — Ozanam, *Les poètes franciscains* (1859 p. 259. Lecoffre).
(4) Y a-t-il à s'étonner que ce moine apôtre qui a parcouru la plus grande partie de l'Europe pour y porter ses conseils, qui fonda plusieurs couvents en Espagne comme ailleurs, qui s'intéressa non-seulement à la croisade de Jérusalem, mais encore à celles d'Espagne contre les Maures, ait en à aller en ce royaume et que pour y aller, il ait suivi le chemin romiu le plus fréquenté ?
Quoi qu'il en soit, dans l'antique hôpital de Ciboure situé à l'extrémité de la rue Agorretta (ancienne route d'Espagne) près d'une croix dite la Croix blanche, érigée en 1616, le culte de saint Bernard a été de toute antiquité en grand honneur. Le jour de sa fête les honneurs étaient aux religieux Récollets de la paroisse. Depuis la démolition du dit hôpital, à la Révolution, la fête de St Bernard continua à être célébrée dans l'église paroissiale avec solennité et octave. Soit avant la Révolution, soit depuis pendant longtemps, on est venu des paroisses voisines aux fêtes de saint Bernard. Nous tenons d'une religieuse issue de l'une des meilleures familles de St-Jean-de-Luz, qu'étant venue, jeune encore, à Ciboure en compagnie de sa mère, elle y entendit, au pied de l'autel de saint Bernard, son premier appel à la vie religieuse. Elle vient de mourir fille de la charité, au fond de la Sicile, à un âge fort avancé et en odeur de sainteté.

et saints personnages n'aurions-nous pas à citer parmi les visiteurs de St Jacques, jusqu'à l'époque où Louis XIV arrêta l'élan des pèlerins en *réglant* ces voyages, et même jusqu'après la Révolution !

Oui, les pèlerinages de Saint Jacques de Compostelle, du moins les pèlerinages partis de nos pays, ont eu lieu jusqu'au début de ce siècle. Plusieurs parmi nous — hélas ! chaque jour plus rares — ont entendu d'anciens pèlerins parler de la *Voie lactée* comme du chemin de Compostelle, du *coq de San Domingo* et d'autres épisodes de leur voyage.

Le vieux monde s'en va, et avec lui, ses antiques dévotions, ses traditions, ses coutumes, ses usages et jusqu'à ses routes. Qui connaît aujourd'hui un lambeau, un reste des grandes routes que le peuple-roi traça dans nos pays, et que parcoururent les premiers hérauts du christianisme. Qui connaît les hôpitaux que la charité chrétienne éleva le long de ces chemins ? Encore quelque temps, et leur souvenir même aura disparu.

Nous connaissons un évêque qui a fourni aux membres de son clergé un remarquable programme sur les chemins de Compostelle ; une pareille étude ne serait pas moins intéressante dans nos pays que traversaient diverses voies aboutissant au sanctuaire du grand apôtre d'Espagne. Le nouveau travail que nous présentons ici n'en est pas un. Les travaux de notre ministère, notre éloignement des grandes bibliothèques en sont la cause. Cependant, nous bornant à notre pays basque, nous avons essayé de réunir quelques souvenirs. S'ils peuvent attirer l'attention de nos confrères et compatriotes sur l'étude si intéressante de nos anciens pèlerinages et surtout sur celui de Saint Jacques de Compostelle, nous aurons atteint notre but.

II

Les trois plus antiques et plus grands pèlerinages du monde catholique.

Dès les premiers siècles de l'Eglise, les chrétiens aimèrent à visiter et à fréquenter par dévotion les lieux consacrés par la vie, les douleurs et la mort de l'Homme-Dieu, ainsi que les tombeaux des martyrs, imitateurs de N.-S. Jésus-Christ. Les lieux qui les attirèrent d'abord, furent Jérusalem, Rome et Saint-Jacques de Compostelle.

Ils accoururent à Jérusalem à l'exemple de Saint Paul qui entreprit un pieux pèlerinage aux Saints-Lieux (*Hier. epist. XIX ad Paulam*). Les hommes et les femmes se rendaient au tombeau du Sauveur (*Greg. Nyss. Orat. de his qui Hieros. adeunt*), et il n'y avait pas de nation qui au iv⁵ s., n'y fut représentée par un grand nombre de pèlerins (*Euseb. Hist. eccles. c. 23*). On sait que la Gaule possédait dès lors pour faciliter ce voyage un « itinéraire de Bordeaux à Jérusalem ».

Après le pèlerinage de Jérusalem, le plus cher à la piété des premiers chrétiens était celui du tombeau des martyrs et surtout celui des apôtres Saint-Pierre et Saint-Paul. Les fidèles y affluaient non seulement de l'Occident, mais encore des contrées les plus éloignées de l'Orient. L'antiquité chrétienne fournit des traces presque innombrables de la vénération des fidèles pour la sépulture des martyrs et des saints en général. — Les cimetières souterrains de Rome ont conservé jusqu'à nos jours des preuves palpables de cette sainte pratique.

Au troisième rang venait le célèbre pèlerinage de Saint Jacques de Compostelle en Espagne, dont nous voulons dire quelques mots. De nos jours on a repris ceux de Jérusalem et de Rome. Honneur surtout aux RR. PP. Assomptionnistes qui savent si bien les organiser et les mener à bonne fin ! Pourquoi ne reprendraient-ils pas ceux de Compostelle ?

III

Saint Jacques, son apostolat et son martyre.

Le grand apôtre, fils de Zébédée, frère de St-Jean, après l'Ascension de N.-S. prêcha l'évangile dans la Judée et la Samarie où il fit plusieurs conversions (*Post Jesu Christi Ascensionem in cœlum, in Judeâ et Samariâ ejus divinitatem prœdicans, plurimos ad christianam fidem perduxit*) (*Breviarium. roman. 25 juill.*). Mais bientôt après il partit pour l'Espagne et il y fit quelques disciples desquels furent les sept évêques ordonnés et envoyés par Saint Pierre dans la même nation (*Mox in Hispaniam profectus, ibi aliquos ad Christum convertit ex quorum numero septem episcopi a beato Petro ordinati in Hispaniam primi directi sunt*). (Ibid).

La tradition de l'Eglise d'Espagne lui fait traverser toute la mer

Méditerranée. Il arriva à *Zaldula*, l'antique César-Augusta (Saragosse) dans la Celtibérie sur les rives de l'Ebre. La Vierge Marie, encore vivante, lui apparut une nuit sur une colonne de marbre et lui ordonna d'élever en ce lieu un oratoire sous son vocable, lui assurant que cette partie de l'Espagne lui serait très dévote jusqu'à la fin des siècles. L'apôtre obéit à cet ordre et il fit faire une chapelle en l'honneur de la Mère de Dieu. C'est le premier sanctuaire élevé à Marie, connu sous le nom de Notre-Dame del Pilar, devenu célèbre par les nombreux miracles opérés depuis des siècles (1).

Saint Jacques, appelé apôtre des Basques, poussa ses courses apostoliques jusqu'en Galice et y séjourna quelque temps. Mais ensuite, cédant peut-être sa place aux disciples envoyés par Saint Pierre, il revint à Jérusalem, où les Juifs, par l'épée de Hérode-Agrippa, petit-fils du premier Hérode, le firent mourir le 1er avril an 44 de l'ère chrétienne, le croit-on. Ce fut le premier martyr d'entre les apôtres.

Son corps fut enseveli par les chrétiens à Jérusalem. Mais les disciples qu'il avait amenés d'Espagne ayant reçu des apôtres l'ordre de retourner dans cette nation pour y travailler à la ruine de l'idolâtrie, l'emportèrent avec eux en Galice dans la ville appelée *Iria Flavia*, un des principaux centres de son apostolat en Espagne. Ils le déposèrent dans un sépulcre de marbre blanc où dès lors, sans doute, les fidèles convertis durent accourir pour vénérer ses restes.

IV

Translation du corps de St Jacques à Iria Flavia, à Compostelle; prérogatives de la basilique de cette dernière ville. — Puissante protection de « Monseigneur » Jacques.

Iria Flavia (2), en espagnol *El Padron*, dont quelques auteurs ont fait Patron, se trouvait au *cap de l'Finistère (Finisterre)*. C'était le point occidental de l'Espagne. Là s'arrêtait l'*ancien* monde. Ne peut-on pas dire que saint Jacques, en s'y rendant, avait atteint l'*ultimum terrae*, ces confins du monde assignés par le divin Maître à la prédication de l'Evangile? Quelques auteurs ont contesté la

---

(1) Nous savons que l'école de M. l'abbé Duchesne met en doute aujourd'hui l'évangélisation de l'Espagne par St Jacques. Le pèlerinage de Compostelle ne souffrirait rien d'ailleurs de la vérité de cette thèse.

(2) Le mot *iria* signifie en basque *ville*.

translation de son corps à Iria Flavia. Contre cette opinion se prononcèrent parmi les anciens, les Chrysostome, les Athanase, les Théodebert, les Isidore de Séville, et parmi les modernes, le cardinal d'Aguirre (t. III, p. 322), Richard Giraud, Gaet, Moroni (vol. XV, p. 102 et 103) et autres. Le doute n'est plus possible après la découverte de son corps, en 1884, dont nous parlerons plus bas.

Le corps de Saint Jacques, comme nous l'avons dit, fut transporté par ses disciples à Iria Flavia et déposé par eux dans un sépulcre de marbre blanc vers lequel accoururent les nouveaux convertis. Mais dans la suite, les persécutions, les invasions des Barbares et le débordement des hérésies en Espagne firent négliger et même oublier aux Espagnols le chemin du tombeau du saint. Cependant on voit en 587 proclamer saint Jacques patron unique de l'Espagne; et en 676, un concile national, tenu dans le diocèse d'Osma, fait mention du chemin de saint Jacques. Ce fut cette négligence ou cet oubli qui porta sans doute Venance Fortunat, au VIe siècle, à écrire que le corps du saint était resté à Jérusalem. Cette erreur qui s'accrédita auprès de quelques auteurs a été combattue par les docteurs et les savants indiqués plus haut.

La Providence qui veillait sur la gloire du grand apôtre, révéla miraculeusement le lieu de sa sépulture. C'était au IXe siècle, sous le pontificat de Léon III et le règne d'Alphonse II dit le Chaste, roi de Sicile (1). Théodomir était évêque d'Iria Flavia. Des personnes de distinction informèrent ce dernier qu'au-dessus d'une forêt qui recélait un sépulcre elles avaient, pendant la nuit, aperçu des lumières et entendu des concerts angéliques. Théodomir, s'étant transporté au lieu indiqué, remarqua les mêmes phénomènes. Il s'approcha, et sous des ronces, il trouve le tombeau de l'apôtre sous une arcade de marbre. Le tombeau était intact sous une voûte d'épines; les reliques qu'il renfermait n'avaient été ni mutilées ni outragées. Le corps était entier, la tête à part, ainsi que le bâton de voyage. Ce fut une explosion d'allégresse dans toutes les parties de l'Espagne et même dans le monde catholique.

Le pape Léon III, à la prière du roi Alphonse, fit transporter la précieuse dépouille à deux ou trois lieues d'Iria Flavia, dans un

(1) D'après quelques auteurs dont l'opinion est combattue, Charlemagne, entouré de ses paladins et d'évêques, étant venu au secours d'Alphonse II, aurait fait en pèlerin le voyage de Compostelle et y aurait assisté à un Concile.

lieu qui s'appela *Compostella (Campus stellæ)*, en souvenir de l'étoile révélatrice apparue sur la tombe du saint. Dès lors cette ville devint célèbre, l'évêché d'Iria Flavia fut ... éré à Compostella. Calixte II l'enleva à la juridiction ... chevêque de Braga pour le placer immédiatement sous cel.. ... Saint-Siège; puis il l'érigea en métropole. Son successeur Pascal II, par une bulle du 30 novembre 1108, accorda aux évêques de Compostelle l'usage du pallium (1). Une nouvelle bulle permit au chapitre cathédral d'avoir, à l'instar de l'église de Rome, sept cardinaux avec autorisation de porter la mitre et le pluvial dans les grandes solennités, et de célébrer la messe à l'autel du saint.

La basilique de Compostelle devint la première église du monde, après celles des lieux saints de Jérusalem et de Rome. Elle eut son *grand pardon*, son *année sainte*, sa *porte sainte*. Les vœux du pèlerinage de Compostelle furent réservés au pape. Enfin, les pèlerins trouvaient à Compostelle les mêmes avantages spirituels qu'à Jérusalem, à Rome et à Lorette.

Les rois d'Espagne choisirent, pour lieu de leur sacre, la basilique de Compostelle. De nos jours encore, le roi d'Espagne y envoie chaque année une riche offrande par les mains du capitaine général de la province de Galice. Nous ne nous arrêterons pas à décrire les splendeurs et les richesses de cette cathédrale, du grand hôpital royal (ospital de los reyes catolicos), appelé aujourd'hui, modestement, hôpital de la province (ospital provincial), etc. Ces édifices se visitent, et, du reste, ils ne sauraient entrer dans le cadre de notre travail.

Au XII° siècle, dans un livre de la cathédrale de Compostelle, on voyait réunis plusieurs mémoires renfermant le compte-rendu de la translation du corps de saint Jacques et des miracles que la tradition lui attribuait, les chants composés en son honneur, l'histoire de l'expédition de Charlemagne en Espagne et une espèce de guide à l'usage des pèlerins qui traversaient la France pour se rendre en Galice. Ce guide des pèlerins remonte jusqu'à l'année 1173. Plusieurs pèlerins rapportèrent dans leur pays, soit un extrait, soit une copie du livre qu'on leur avait fait parcourir dans l'église de Compostelle; six de ces manuscrits copiés au XII° ou XIII° siècle,

---

(1) L'archevêque de Compostelle est seigneur de cette ville et de celle de Padron (Iria Flavia).

se trouvent, deux dans la bibliothèque nationale (n° 3550 du fonds latin, n° 13775 (1ʳᵉ partie) du fonds latin) et quatre dans l'école de médecine de Montpellier (n° 39, 142, 235 et 281). Ces manuscrits sont conformes dans leur ensemble à une lettre écrite vers 1173, par un moine de l'abbaye de Ripoli, sur le manuscrit de Compostelle, et publiée en 1878 par M. Léopold Delisle, membre de l'Institut, dans sa *Note sur le recueil intitulé : De miraculis sancti Jacobi* (1).

Sans parler des innombrables faveurs particulières, obtenues par l'intercession du grand apôtre, saint Jacques fut pour les Espagnols ce qu'est saint Michel pour la France et saint Georges pour l'Angleterre. Dans leurs cruelles et longues guerres contre les Infidèles, les Maures, etc., il leur fut un puissant protecteur contre leurs ennemis. Ils l'appelèrent *Mata-Moros* (tueur de Maures), et le représentèrent monté sur un cheval, chargeant, à la tête des escadrons, les armées des Maures. Les Maures eux-mêmes déclaraient avoir aperçu plusieurs fois, à la tête des Espagnols « un cavalier brillant comme l'éclair et prompt comme la foudre » (2). Tamayo rapporte quinze apparitions dont saint Jacques favorisa les rois et les princes d'Espagne et qui furent suivis de quelques assistances insignes. Longtemps les Espagnols célébrèrent, s'ils ne le font pas encore, une fête particulière de ces apparitions. Enfin, c'est au cri de *Santiago ! Santiago !* que les rois et les soldats volaient au combat. On comprend sans peine, après ce qui a été dit, la foi inaltérable, l'enthousiasme indescriptible des Espagnols à l'égard de leur grand apôtre. Cette foi et cet enthousiasme furent partagés par d'autres peuples.

V

Union des Basques des deux versants des Pyrénées dans les guerres contre les Maures. — Culte de Saint Jacques.

La Guyenne, la Gascogne et le Pays basque, pour ne point parler d'autres provinces de France, n'hésitèrent point à prendre les armes contre les Infidèles et les Maures d'Espagne. Témoins des faveurs du grand apôtre, les cispyrénéens partagèrent l'enthou-

(1) Paris, chez A. Picard. 82, rue Bonaparte. — Nous aurons à mentionner souvent plus bas ces précieux documents ou *Codex*.
(2) CAMILLE DAUX, *Le Pèlerinage à Compostelle*, p. 6.

siasme de leurs frères d'armes d'au-delà les monts pour saint Jacques. Les Basques surtout, en relations fréquentes avec eux, conçurent la plus haute estime à l'égard du grand thaumaturge. Leur piété ne connut pas de bornes ; ils donnèrent à leurs enfants le nom de *Yakes*, en Basse-Navarre, et au Labourd celui de *Santiago*, encore portés de nos jours. Ils dédièrent des chapelles, des églises à saint Jacques. Aujourd'hui encore, le diocèse de Bayonne compte une trentaine d'églises placées sous le vocable du saint, sans parler des oratoires que nous signalerons à mesure qu'ils se présenteront sous notre plume. Ils placèrent dans les beaux rétables de leurs églises ou dans une niche de l'un des murs du sanctuaire la statue de saint Jacques avec son costume de pèlerin. Ils établirent des confréries en l'honneur du saint, des hôpitaux sur le chemin de Compostelle. Enfin, ils se plurent à s'organiser en caravanes de pèlerins (1). Les nombreuses confréries de saint Jacques avaient des Statuts ; on conserve encore ceux de St-Jean-le-Vieux et de Bayonne que nous publierons plus loin.

Pèlerins. — Pour entrer dans les confréries, il fallait ordinairement avoir « fait sa Compostelle » comme on le disait alors, c'est-à-dire son pèlerinage à Saint Jacques. On donnait aux pèlerins les noms de Romieus (Romei), de Jacobites (Jacobitæ), de Sent-Jaquès, mais le plus souvent on les appelait chez nous *Pelegrinos*. On trouve ce nom dans une maison dite *Pelegrindea* à Garris, près de St Palais. soit que la maison servit de refuge aux pieux voyageurs. soit que le propriétaire eût été un de ceux-là. Leur costume se composait d'un bourdon, d'une panetière, d'une gourde, d'une pèlerine ordinairement de cuir noir constellé de coquilles et de petits médaillons placés dans des encadrements de plomb, un chapeau à larges bords dont celui de face, relevé, était marqué d'une coquille et quelquefois de deux plumes blanches. La coquille, insigne des pèlerins de Saint-Jacques, était le symbole de l'ancien pêcheur de Galilée. Pendant tout le moyen-âge on a représenté saint Jacques lui-même sous ce costume. Il arrivait parfois, cependant, qu'on le représen-

(1) Paris eut une confrérie de saint Jacques dès l'année 1295. Bordeaux eut son grand hôpital de *Saint-Jacques*, fondé en 1119. sans compter plusieurs autres où des milliers de pèlerins étaient logés. Elle eut aussi la confrérie de Saint-Jacques, établie le 15 juin 1629. dans l'église de St-Michel, par S. E. le cardinal de Sourdis

tait, comme à l'église de Valcarlos (limite espagnole), sur un cheval blanc, une épée à la main, et peut-être à Arone, sur une sculpture du XIᵉ siècle.

Nos pèlerins cheminaient par groupes de quatre à dix personnes; il y en avait aussi qui faisaient le voyage en particulier, mais c'était rare. Celui de la caravane qui apercevait le premier les tours de l'insigne basilique de Compostelle devenait le *roi* du groupe; il en prenait le nom et souvent le portait toute sa vie. Nous connaissons à Ayherre la maison Erregetegia (maison du roi) dont le propriétaire pèlerin fut fait *roi* dans ces conditions et donna son nom à sa demeure. Les pèlerins mendiaient sur leur route; ils se créaient aussi quelques petites ressources en chantant et en vendant, surtout à leur retour, quelques objets de piété. Ils ne suivaient pas toujours la voie des hôpitaux, comme, par exemple, dans les chemins de traverse ou raccourci. Nous le tenons de nos anciens pèlerins. Le même fait ressort du récit du voyage d'un pèlerin Picard, M. Manier, de Noyon, au commencement du XVIIᵉ siècle. Ce pèlerin descendit à Saint-Esprit chez une certaine Mᵐᵉ Belcourt, dont la maison portait, parait-il, une coquille au-dessus de la porte principale. Il coucha chez des particuliers à Bidart, à St-Jean-de-Luz, à Urrugne, etc. (1). A son retour de Saint-Jacques, d'Oviédo, de Madrid, etc., il revint par St-Michel et St-Jean-Pied-de-Port « qui n'est, dit-il, qu'un trou et bien peu de chose, si ce n'est qu'elle est forte à cause des montagnes. » De là il alla à Issart (Irissarry) où il rejoignit un vieux pèlerin et alla « coucher avec lui dans une maison à l'écart dont la maîtresse biscaïenne (lisez basquaise) écorchait un peu le français. » Le pèlerin picard n'oublia pas de revenir à St-Esprit, chez Mᵐᵉ Belcourt.

Les pèlerins allaient nu-pieds. Aussi, à leur retour, ils marchaient indemnes sur le genêt épineux le plus fort; et quand on en char-

---

(1) Parti le 23 juin 1726, il était à St-Jean-de-Luz le 6 octobre. « Cette ville, dit-il, ne passe que pour un bourg, mais il est très gros, bien peuplé, gardé par des troupes de France. La mer arrose les murs de cette ville. Il y a un pont au milieu — (il fait une même localité de St-Jean-de-Luz et de Ciboure) —. La mer bat contre un mur qui est contenu (?) de 10 à 12 pieds de hauteur et autant d'épais. L'on le fait à neuf trois ou quatre fois par an à cause de l'impétuosité des flots. » *Pèlerinage d'un paysan picard à St-Jacques, au commencement du XVIIIᵉ siècle*, par le baron de Bonnault d'Houet. Paris, Badenez, 1890. p. 45. A citer le *Voyage d'un prêtre normand*, Martin, volé en Espagne. *Etud. hist. et relig.*, 1893.

geait les charrettes, ils sautaient dessus sans aucune espèce de chaussure. Un certain Legarto, ancien pèlerin d'Armendaritz, était légendaire à cet égard. En route, ils récitaient le Rosaire, chantaient les litanies de la Vierge ou des cantiques basques, car il y en avait certainement. Malheureusement, aucun d'eux n'est arrivé jusqu'à nous. Ceux qu'un récent auteur leur attribue sont postérieurs à la Révolution.

Parmi les pèlerins, les uns entreprenaient ce long et périlleux voyage par dévotion ou mortification volontaire, les autres en pénitence sacramentelle ou canonique. « Car, comme le dit très bien l'abbé Daux, il ne faut pas oublier qu'à des époques de grande dépravation, de crimes publics, de déprédations et de meurtres, beaucoup de coupables se faisaient pèlerins pour aller au loin réparer leurs fautes et leurs crimes. Ils auraient rougi de reconnaître et d'expier leur coupable passé devant leurs proches et leurs concitoyens ; alors ils aimaient mieux courir le monde et s'exposer dans un but de pénitence aux fatigues et aux dangers, parfois très graves, d'un lointain pèlerinage. Pour ces motifs, l'Eglise favorisait, malgré certains abus, l'œuvre pie et expiatoire des pèlerinages. Il y avait même des fautes qui ne pouvaient s'expier que par un pèlerinage perpétuel ; et entre tous les sanctuaires, ceux de Jérusalem, de Rome, de Tours, de Lorette, de Compostelle, étaient les plus recommandés et les plus fréquentés (1).

(1) Le Pèlerinage à Compostelle, p. 110. — Voici un trait de pénitence publique : nous l'empruntons à la Statistique générale des Basses-Pyrénées, par M. Ch. de Picamilh. t. I, p. 161. Guillaume Raymond, vicomte de Béarn, dans un accès de colère tua, vers l'an 1221, l'archevêque de Tarragone. Voici la pénitence que le Pape lui imposa : « Guillaume Raymond se rendra dans la ville de Tarragone ; à la vue de la ville, il descendra de cheval et continuera son chemin, nu-pieds, la hart au cou et des verges en sa main, visitera les églises qui sont dans l'enclos de la ville et à l'entrée de chacune se fera battre de verges par un prêtre et viendra enfin à la cathédrale où après avoir demandé bien humblement et dévotement pardon à l'archevêque et au chapitre il leur rendra hommage, aumônera à l'église 20 livres de rente sur sa terre. En outre il lui est enjoint d'aller en Terre-Sainte avec 10 gendarmes et 30 archers armés et entretenus à ses dépens, il y combattra pendant cinq ans ; et jeûnera tous les vendredis et les jours de meurtre durant toute sa vie, nourrissant ces jours 100 pauvres, en donnant à chacun une robe de laine ; jeûnera tout l'Avent et le Carême. Il portera chaque jour durant sa vie, un cilice. » Le prince obtint du pape la remise d'une partie de sa pénitence moyennant des largesses pour le Temple de Jérusalem et divers monastères. Il fallait que la voix de l'Eglise fut bien puissante pour faire admettre de pareilles pénitences.

Ces paroles sont vraies, même pour nos pays où tout n'était point édifiant. Pour s'en convaincre, nous citerons les statuts synodaux (statuta synodalia) du diocèse de Bayonne promulgués en 1533, et publiés par M. Dubarat (1).

Avant de sortir de leurs paroisses respectives, les pèlerins se confessaient et recevaient la bénédiction du curé avec un certificat délivré par celui-ci ou l'évêque. A leur retour ils devaient présenter à leur pasteur une attestation en due forme de leur voyage, et c'est alors qu'ils s'agrégeaient à la confrérie de saint Jacques érigée dans leur paroisse, si déjà ils n'en faisaient pas partie. Là où il n'y avait pas de confrérie, ils ne manquaient pas, du moins au Pays Basque, de célébrer avec solennité la fête de saint Jacques. Dans les processions ils marchaient en tête, revêtus de leur costume, et dans quelques paroisses, nous a-t-il été assuré, les bras et les pieds nus. A leur décès on les revêtait aussi de leur costume conservé avec le plus grand soin dans leur domicile. Le corps du défunt était porté en terre par des confrères.

Ces longues pérégrinations ne furent pas, comme nous l'avons dit, exemptes d'abus; il y en eut même de graves. Il fut des temps où on dut porter des mesures non seulement contre les déprédations et les crimes commis par les vagabonds et les malfaiteurs, mais encore contre de faux pèlerins. C'est par suite de ces abus que Louis XIV porta deux édits datés l'un du mois d'avril 1671, l'autre du mois de janvier 1686. Nous en avons trouvé une copie dans les archives municipales de Saint-Jean-de-Luz. (Arch. FF. 12).

VI

Déclaration du Roy pour défendre les pèlerinages sans la permission du Roy et des évêques.

« Louis par la grâce de Dieu, Roy de France et de Navarre à tous ceux qui les présentes verront, salut. Les abus qui s'étoient glissés dans notre royaume sous un prétexte spécieux de dévotion et de

(1) Supplément des *Etudes hist. du diocèse*, N° de décembre 1892. Pau, impr. Vignancour.

pèlerinage estant venus à un tel excés que plusieurs de nos sujets auroient quitté leurs parens contre leur gré, laissé leurs femmes et enfants sans aucun secours, volé leurs maistres et abandonné leurs apprentissages pour passer leur vie dans une continuelle débauche; mesme que quelques-uns se seroient establis dans des pays étrangers où ils se seroient mariés bien qu'ils eussent leurs femmes légitimes en France. Nous aurions creu pouvoir arrester le cours de ces désordres en ordonnant par nostre déclaration du mois d'aout mil six cent soixante onze que tous ceux qui voudront aller en pélérinage à St Jacques. en Galice, Nostre Dame de Lorette, et autres lieux saints hors de nostre royaume seront tenus de présenter devant leur évesque diocésain pour estre par luy examinés sur les motifs de voyage et de prendre de luy une attestation par écrit, outre laquelle ils retireront du lieutenant général ou substitut du procureur général du bailliage ou sénéchaussée dans lesquels ils feront leur demeure, ensemble des maires et échevins, jurats, consuls et syndics des communautés, des certificats contenant leur nom, âge, qualité, vacation, et s'ils étoient mariés ou non, lesquels certificats ne seront point donnés aux mineurs, enfants de famille, femmes mariées et apprentis sans consentement de leurs pères, tuteurs, curateurs, maris et maistres de métier et qu'à faute par lesd. pèlerins de pouvoir représenter led. certificat et assertion aux magistrats et juges de police des lieux où ils passeront et d'en prendre d'eux en arrivant, il seront arrêtés et punis, pour la première fois du carcan, pour la deuxième fois du fouet par manière de castigation, et pour la troisième fois, condamnés aux galères, comme gens vagabonds et sans aveu, et d'autant que nous avons été informés que plusieurs fils de famille, artisans et autres personnes par un esprit de libertinage ne laisseroient pas d'entreprendre de faire des pélerinages hors de nostre royaume sans avoir observé ce qui est porté par nostre déclaration, les uns évitant de passer dans les villes où ils sçavent qu'on leur demandera exactement des certificats, les autres se servent des fausses attestations dans la confiance qu'ils ont que les personnes préposées pour les examiner ne pourront pas s'en appercevoir ne connaissant pas les signatures des évèques et juges des lieux où les pèlerins font leur demeure et la plupart se flattent que s'ils estoient arrestés en quelques endroits, faute de représenter des certificats, on leur feroit subir que la peyne portée pour la 1re contravention par l'impossibilité où se trouveront les juges de les convaincre d'avoir esté repris de justice pour le même sujet ; à quoi estant nécessaire de pourvoir pour l'intérêt public et la police générale. A ces causes et autres à ce nous mouvant, nous avons déclaré et ordonné par ces présentes signées de nostre main, déclarons et ordonnons vouloir et nous plaist qu'aucun de nos sujets ne puisse aller en pèlerinage à Saint-Jacques de Compostelle en Galice, Notre-Dame de Lorette et autres lieux hors de nostre royaume sans une permission expresse de nous, signée par l'un des secrétaires d'Etat et nos commandements sur l'approbation de l'évesque diocésain, à peine de galères à perpétuité contre les hommes et contre les femmes de telle peine afflictive que nos juges estimeront convenables.....

Donné, à Versailles, le 7ᵉ jour du mois de janvier l'an de grâce mil six cent quatre-vingt-six, de nostre règne le quarante troisième. Signé Louis. »

« Charles de Planque, lieutenant de Roy au gouvernement de la ville de Bayonne, pays circonvoisin, commandant des châteaux, redoutes et citadelles et en l'absence de M. le duc Gramont au pays de Labourt.

« Il est très expressément prohibé et défendu à tous les capitaines, maistres et patrons de navires, barques, pinasses et chaloupes des ports, depuis Biarritz jusques à Hendaye, de recevoir dans leurs navires aucune personne telle quelle soit sans les avoir tous (sic) fait connaistre aux jurats des lieux et nous avoir envoyé les certificats desdits jurats et aucun estranger tel que ce puisse estre sans nostre passe-port sous peyne audits maistres et patrons de navires, barques, pinasses et chaloupes d'estre châtiés exemplairement et aux bailes et jurats des lieux d'en respondre en leur propre nom. Pareillement faisons inhibitions et défences à tous les jurats, manans et habitans des paroisses du pays de Labourt depuis Hendaye le long des Pyrénées jusqu'à la frontière de Basse-Navarre de laisser passer de ce royaume en celui d'Espagne aucune personne de cette ville et dudit pays de Labourt qui ne leur soit cognues et sans nostre passe-port, aucun estranger tel que ce puisse estre de l'un et de l'autre sexe ; et afin que les jurats des lieux puissent être informés exactement de tous ceux qui voudront passer, nous ordonnons aux cabaretiers et habitans des lieux des passages et autres de porter tous les jours aux jurats les noms et cognoms de tous ceux qui se seront logés chez eux qui voudront aller en Espagne... ....

Fait à Bayonne 15ᵐᵉ février 1688.

« Les susdites déclarations de S. M. du mois d'août mil six cent soixante-onze et du 7ᵉ janvier de cette année ont esté publiées par le prône de nostre messe paroissiale du 1ᵉʳ jour de mars, feste de saint Léon, apôtre du pays.

« St-Jean-de-Luz, ledit 1ᵉʳ du jour de mois de mars mil six cent quatre-vingt-six.

« HAYET, curé de St-Jean-de-Luz. »

Il est à noter que ces édits, renouvelés sous Louis XV, et publiés tous les trois mois dans les églises, ne prohibaient pas précisément les pèlerinages, mais les règlementaient en faisant prendre par mesure d'ordre et de police des sortes de passe-ports aux pèlerins. Aussi, nos pèlerins continuèrent-ils leurs pieuses pérégrinations jusqu'à la première moitié du xixᵉ siècle. M. l'abbé Inchauspé, l'érudit auteur du *Verbe Basque*, ancien vicaire-général du diocèse, nous a cité un pèlerin du nom d'Etchecopar, de Sibas (Soule), qu'il a connu et qui fit le voyage de Saint-Jacques en chantant des cantiques *basques*. Nous-même, nous avons connu Pierre Legarto d'Armendaritz, Pierre Etchegoyen de Chéraute, décédé à Irissarry, M. Larreguy de la maison d'Arrolateguy de cette dernière paroisse. Les confrères de notre âge pourraient allonger cette liste. Celui qui écrit ces lignes compte dans sa famille deux pèlerins de Saint-Jacques dont l'un, resté à Compostelle, y a fait souche.

On nous permettra de citer une aventure que deux de ces pèlerins aimaient à raconter avec une bonne foi admirable. Ils faisaient partie d'un groupe de pèlerins basques. En revenant de Compostelle, la pieuse caravane, suivant l'usage, s'arrêta dans une ville où l'on gardait des « poules miraculeuses ». Elle se rendit non loin de la ville, à la chapelle où se trouvaient ces poules, enfermées dans une cage de fer, et leur offrit des grains à manger. Les « poules miraculeuses » en acceptèrent bien, excepté des mains de nos deux pèlerins. De là, grande désolation de ces derniers qui craignaient d'avoir mal accompli leur pèlerinage. Ils se confessèrent et communièrent dans la chapelle des poules qui finirent par accepter le grain offert par eux.

Voici l'origine de cette pratique. La scène se passe dans la ville de Santo-Domingo de la Cazada (Espagne), sur le chemin de Saint-Jacques. Un père et une mère cheminant avec leur fils vers Compostelle s'arrêtèrent dans une hôtellerie de cette ville. Une jeune personne de la maison, éprise d'amour pour le jeune homme, voulut l'avoir pour fiancé. Sur le refus de celui-ci, elle lui mit secrètement dans la besace une tasse d'argent. Le lendemain, après le départ des trois voyageurs, elle déclara avoir perdu le vase d'argent et accusa du vol le jeune récalcitrant. Arrêté et ramené dans la ville, le malheureux fut jugé et condamné à être pendu. A leur retour de Saint-Jacques les parents recherchèrent leur fils et le trouvèrent pendu à la potence de la ville, mais plein de vie. Vite ils courent chez le juge qui l'avait condamné et réclament leur enfant miraculeusement reconnu innocent. Le juge qui, en ce moment, faisait rôtir un coq à la broche, leur répondit : « Si cela est vrai, je veux que ce coq qui tourne à la broche chante. » Le coq, par une permission divine, saute aussitôt de la broche sur la table et chante trois fois au grand étonnement du juge et des assistants. Le jeune homme fut rendu à ses parents, et le juge, ainsi que ses successeurs, condamnés à porter désormais une corde au cou, corde remplacée depuis par un ruban rouge. Quant au coq, on le garda avec le plus grand soin.

De nos jours encore, une cage, du dernier art gothique, placée dans une chapelle érigée sur le lieu du supplice du jeune innocent, garde un coq et une poule blanche de même race. Ce sont là les « poules miraculeuses » de nos pèlerins basques. Les voyageurs de Compostelle qui s'arrêtaient en ce lieu recevaient des plumes blanches de ces bipèdes, qu'ils étaient heureux de placer à leurs chapeaux. Ce miracle, attribué par les uns à saint Jacques, par d'autres à San Domingo de la Cazada est célébré encore de nos jours par une procession faite chaque année le 11 mai, veille de la fête de ce dernier saint (1). Le pèlerin picard cité plus haut dit que de son temps on conservait la chemise du jeune homme et sa potence au-dessus d'une fenêtre, dans la chapelle érigée à cette occasion.

(1) Cf. *Bollandistes*, 24 juillet.

VII

Hôpitaux : — « Un hôpital, dit Jules Balasque, était une hôtellerie de bienfaisance tenue par des religieux. La communauté, dirigée
par un prieur, se composait de chapelains (caperans) pour les fonctions
de l'oratoire et de servants pour les deux sexes (frais et sorors)
employés aux bas offices de la maison. Offrir un lieu de halte et de
réconfort aux hommes de foi qui, le bourdon à la main et sans autre
moyen d'existence que la charité publique, s'aventuraient sur les
grands chemins pour aller en Terre-Sainte ou vers quelques sanctuaires de renom, ce fut évidemment le but primitif de l'institution :
plus tard, on y admit tous les voyageurs indistinctement, marchands
et soldats. Aussi, n'est-ce pas seulement au centre des villes popu-
leuses qu'on rencontrait ces sortes d'établissements, mais encore en
rase campagne et d'étape en étape, le long des routes fréquentées.
C'est pourquoi les lieux qui possédérent autrefois des hospices four-
nissent d'excellents points de repère qui permettent de trouver la
trace des anciens chemins » (1).

Parmi les hôpitaux les uns étaient autonomes : c'étaient ceux que
l'on trouvait dans les grandes abbayes et les grands monastéres ;
d'autres dépendaient de ces grands établissements qui, le plus souvent,
les avaient fondés ou dotés. Ils étaient sous la direction d'un curé
prieur ou simple prieur dépendant du monastére fondateur.

L'Eglise, qui favorisait les pélerinages, incitait les fidéles à bâtir
des hôpitaux. Elle accordait d'insignes faveurs à ceux qui les fon-
daient ou les dotaient. Un concile particulier de Bordeaux (1503)
recommandant les hôpitaux fondés pour les pélerins, dit : *Hœc igitur
loca sacrosancta quicumque œdificaverit, procul dubio regnum
Dei possidebit* (2). Elle menaçait de ses peines ceux qui directement
ou indirectement nuiraient à ces établissements de charité. Aussi,
après les monastéres, parmi lesquels, pour le Pays Basque, il faut
citer l'abbaye de Roncevaux, les évêques, les princes et les particu-
culiers contribuérent-ils à leur construction ou à leur dotation. —
Citons pour le Pays Basque, parmi les évêques : — Dominique de
Man., évêque de Bayonne, décédé à Ossés. — Par son testament du
4 avril 1302 ou 3, il dota les hôpitaux de Saint-Nicolas, des lépreux

---

(1) *Etudes historiques sur la ville de Bayonne.* t. I p. 28.

(2) *L'abbé Daur, loco citato,* p. 113.

de Bayonne, les couvents de Lahonce, d'Urdach, de Gagnote, d'Arthous, Sivelatte (Sauvelade), de Divielle, de Pontonx, de la Case-Dieu, *et chaque hôpital placé sur la ligne directe de Saint-Jacques, depuis celui de Roncevaux jusqu'à Bordeaux*, les hôpitaux de Saint-Esprit, du Cap-du-Pont, de St-Jean de St-Esprit (1).

— Gaillard de Leduix, évêque d'Oloron, dans son testament de l'année 1308, après diverses générosités faites à l'abbé et au monastère de Lucq, aux frères prêcheurs d'Orthez, au monastère de Sauvelade, aux curés prébendiers d'Oloron etc., légua des rentes annuelles à l'hôpital d'Oloron, de Bager (St-Christau), une rente annuelle de dix florins à celui de Ste-Engrace, une rente de cinq florins à chacun des hôpitaux d'Ordiarp, de Pagolle, d'Ainharp, de la Miséricorde, d'Osserain, de Sauveterre, de Burgaronne, d'Albertin (Aubertin), de Mifaget, de Gabassio (Gabas) etc.

— Le cardinal Gaudin, de Bayonne, par un remarquable testament du 25 décembre 1335 et un codicille du 26 avril 1336 où figurent comme légataires depuis le simple clerc jusqu'aux évêques, aux cardinaux et au pape lui-même, dota les établissements religieux de plusieurs diocèses de France, et notamment ceux de Bayonne, la cathédrale de cette ville, etc. Il légua aux hôpitaux de St-Esprit, de St-Jean du Cap de Pont de Bayonne, de St-Nicolas, à chacun quinze florins « pour le pain » et tous ses lits aux hospices.

— Mgr d'Olce, décédé à Ossés, dans son testament du 18 janvier 1681 et un codicille du 22 du même mois, entre autres nombreux et beaux legs, laissa 12 livres à l'hôpital St-Léon, aux pauvres honteux etc. Mgr Druillet laissa tout son avoir à l'hôpital St-Léon (2).

Parmi les princes, citons le testament de dame Gensac Lambert, vicomtesse de Tartas, en date du 3 mars 1286; celui de son fils, Arnaud-Raymond, vicomte de Tartas, en date du 31 mars 1312, où figurent plusieurs hôpitaux de la partie basque de l'ancien diocèse de Dax (3).

— Amanieu VII d'Albret, sa fille Marthe, vicomtesse de Tartas, Gaston Phœbus vicomte de Béarn, dotèrent l'hôpital St-Blaise ou de la Miséricorde etc. (1)

(1) *Nos Paroisses Basques*, t. II, p. 15.

(2) *Poydenot*, t. II, p. 572. — *Arch. de l'hôpital St-Léon.*

(3) *Les anciens hôpitaux du diocèse de Dax*, par l'abbé Foix, curé de Laurède (Landes).

(4) V. nos *Recherches historiques*, t. I, p. 85.

— Pées de Laxague, seigneur de Laxague, qui, par son testament du 12 février 1392, mentionna et dota entre autres établissements religieux les hôpitaux de Ronceveaux, de Ste-Engrace, d'Irissarry etc.(1).

— Armand Guilhem, seigneur de Domezain, époux de Jeanne de Beyrie, par son testament du 4 septembre 1472, légua cent dix florins à l'hôpital (couvent) d'Utziat. Il fit des legs aux hôpitaux et aux pauvres de Hosta, de St-Michel, d'Auterive et aux pauvres de l'Ostabarret (2).

Dans ces hôpitaux était reçu tout pèlerin sans distinction de race ni de nationalité. Pour y être admis, il suffisait d'être pauvre. On y donnait le gîte, un repas et une aumône, selon les ressources de la maison. Dans quelques-uns, on accordait un ou deux guides pour les passages les plus périlleux, sans parler des gardiens qu'on trouvait dans des espèces de tours ou maisons fortifiées élevées à la frontière (3). Ces gardiens avaient pour mission de protéger les voyageurs dans les défilés ou gorges de nos montagnes : car, il faut le reconnaître, on y était tout autre chose qu'accommodant pour les pèlerins. Le port de Cize était un de ces lieux. Ajoutons que le pèlerin, surpris par les intempéries, trouvait un abri dans l'appendice ouvert que l'on voit encore dans les chapelles qui sont encore un but de pèlerinage de nos montagnards. Il se retirait aussi parfois dans quelques maisons particulières connues pour leur bienfaisance. Dernier vestige de ce pieux usage, nous avons longtemps vu nos pauvres mendiants parcourir les paroisses, et, pour le repas du soir, se rendre invariablement dans des maisons où ils étaient admis, hébergés, logés comme des amis de la famille.

VIII

Nouvelle découverte du corps de S. Jacques en 1884.
Mandement de Mgr l'archevêque de Paris à cette occasion.

L'Angleterre abjura sa foi catholique au XVI⁰ siècle ; elle couvrit les

---

(1) V. nos *Paroisses Basques*, t. II, p. 312.

(2) V. ce document où sont mentionnées plusieurs églises du Pays Basque, dont quelques-unes sont disparues. — V. *Les Paroisses basques*, t. II, p. 97.

(3) De là l'origine des clercs militaires du monastère d'Ibaneta de Roncevaux. On sait que le monastère d'Ibaneta précéda celui de Roncevaux qui finit par absorber le premier. — De là encore l'origine de l'ordre militaire des clercs-chevaliers de St-Jacques de l'*Epée Rouge*, en Galice.

mers de ses flottes; elle envahit les états espagnols. L'Espagne catholique s'en émut d'autant plus qu'elle n'ignorait pas que les sectaires visaient Compostelle. Le corps de S. Jacques et de ses deux compagnons, Athanase et Théodore, furent soustraits à l'antique garde de l'archevêque de cette ville et cachés à la cathédrale dans la profondeur du sol, dans un lieu tellement secret que, dans les siècles suivants, les fidèles l'ignorèrent absolument.

Dieu veille sur ses saints même sur la terre : il nous le dit dans les Livres Saints, pas un de leurs os ne périra ; et l'Eglise célèbre avec solennité le jour de la découverte ou *invention* de leurs corps. Dieu inspira donc à S. E. le cardinal Puya y Rico de faire faire des fouilles dans la cathédrale. La pieuse entreprise fut couronnée de succès ; on découvrit dans l'abside de la chapelle majeure de la basilique les corps de S. Jacques et de ses deux compagnons, tels qu'ils y avaient été placés, et le 24 juillet 1884, l'archevêque portait sa sentence sur l'identité du corps de S. Jacques le Majeur. Immense fut l'émotion que cette découverte produisit non seulement en Espagne, mais dans toute l'Eglise. Le pape Léon XIII jugea l'événement assez important pour, après avoir approuvé la sentence de l'archevêque, par une lettre du 1er novembre 1885, l'annoncer à l'univers catholique. La parole de l'auguste pontife n'y resta pas sans échos. Voici pour notre France la belle *Lettre pastorale que S. E. le cardinal archevêque de Paris adressa au clergé et aux fidèles des paroisses de la Villette, du Grand-Montrouge et d'Aubervilliers, à l'occasion de l'invention du corps de S. Jacques à Compostelle.*

« Joseph-Hippolyte Guibert par la miséricorde divine et la grâce du Saint-Siège, etc.

        « Nos très chers frères,

« Le Souverain-Pontife a, l'année dernière, le jour même de la Toussaint, adressé à tous les évêques du monde catholique une lettre où il leur faisait part d'un événement qui venait de s'accomplir et qui intéressait la gloire des saints.

« L'Espagne se glorifie d'avoir pour protecteur l'apôtre saint Jacques ; et personne n'ignore que, depuis de longs siècles, le pèlerinage au tombeau de cet apôtre a été un des plus célèbres de toute la chrétienté. On savait que le corps de saint Jacques était conservé dans la cathédrale de la ville de Compostelle ; mais, pour soustraire ces saintes reliques à la dévastation, au milieu des guerres du seizième siècle, on les avait cachées dans la profondeur du sol. Elles ont été récemment découvertes, et, après les enquêtes les plus sévères, le Saint-Siège a reconnu l'identité des corps de l'apôtre et de ses deux disciples, Athanase et Théodore, ensevelis avec lui dans le même tombeau.

« C'est cet événement que le Souverain-Pontife a voulu signaler à la piété des fidèles.

« Vous seriez peut-être tentés au premier abord, N. T. C. F , de vous étonner que l'univers catholique ait été appelé à partager la joie religieuse que la découverte des reliques de saint Jacques apportait à l'Espagne ; mais nous ne devons pas oublier que, suivant la pensée du pape saint Léon, l'Eglise catholique ne forme qu'une même famille, et que les saintes joies de nos solennités sont communes au monde entier.

« L'Eglise a, dès l'origine, conservé pieusement la mémoire de la découverte des tombeaux des saints, ou, pour parler le langage liturgique, de l'*invention* de leurs corps. C'est ainsi qu'on célèbre chaque année l'invention du premier martyr saint Etienne. Le martyrologe romain mentionne fréquemment l'invention et la translation des reliques des saints. Dieu a souvent fait éclater à cette occasion les merveilles de sa puissance et de sa bonté au milieu des peuples. N. S. P. le Pape Léon XIII, dans les lettres apostoliques que nous rappelons en commençant, fait remarquer que les corps de plusieurs saints, qui étaient comme perdus dans les ténèbres de l'oubli, ont été rendus à la lumière, précisément dans les temps où l'Eglise est assaillie par la violence des flots, et où les chrétiens ont besoin de plus vifs encouragements à la vertu.

« Rien en effet ne parle plus éloquemment à nos cœurs que les exemples des saints. Ce sont nos frères, ils ont vécu comme nous sur cette terre, ils en ont connu les labeurs et les périls. Quand l'Eglise entoure leurs ossements sacrés de vénération, quand elle les revêt de soie et d'or, elle nous rend sensible, pour ainsi parler, la gloire qui couronnera, après la résurrection, nos corps sanctifiés par la vertu des sacrements, par les austérités de la pénitence et par le travail des vertus chrétiennes. Aussi voyons-nous de nos jours, comme dans les siècles passés, les populations s'émouvoir en présence des tombeaux de ces amis et serviteurs de Dieu. C'est que le culte des saints et des reliques, si hautement approuvé par les décrets de l'Eglise, répond aux besoins les plus intimes de l'âme humaine et demeurera toujours une joie pour les peuples et un efficace entraînement à la vertu.

« Nous avons attendu, N. T. C. F., le retour de la fête de saint Jacques pour publier dans notre diocèse les lettres apostoliques du 1er novembre dernier.

« Nous avons ordonné de les insérer dans la *Semaine religieuse*, parce que ce sera le moyen le plus facile de les faire parvenir à la connaissance de nos diocésains. Mais nous devions particulièrement faire appel à la piété des paroisses placées sous la protection de saint Jacques le Majeur.

« Il existe dans le diocèse de Paris trois paroisses dédiées à ce glorieux apôtre : Saint-Jacques de la Villette, Saint-Jacques du Grand-Montrouge et Saint-Jacques d'Aubervilliers. C'est à ces trois paroisses qu'il appartient de célébrer avec plus d'empressement la solennité à laquelle nous a conviés Léon XIII : Sa Sainteté a daigné en effet accorder une indulgence plénière aux fidèles qui visiteront les églises dédiées à saint Jacques, au jour désigné par l'ordinaire.

« Aucun jour ne nous a semblé mieux convenir que le jour où nous ferons cette année la solennité de saint Jacques, dans les églises qui l'ont pour patron, c'est-à-dire le dimanche 26 juillet.

« Vous répondrez, N. T. C. F., à notre invitation. Vous solenniserez cette année avec ferveur la fête de votre céleste protecteur. Peut-être cette fête passait-elle trop inaperçue pour plusieurs d'entre vous. Et pourtant les quelques souvenirs qui nous restent de la vie et de la mort de saint Jacques suffisent pour nous le faire vénérer comme un des plus chers et des plus généreux amis de Notre-Seigneur.

« C'était le frère de saint Jean, qui fut le disciple aimé de Jésus ; et si le Sauveur eut une tendresse spéciale pour l'apôtre-vierge à qui il devait révéler les trésors de son divin cœur, il témoigna aussi à saint Jacques la confiance que lui méritait le zèle ardent qui valut au fils de Zébédée le nom de fils du tonnerre. Il l'appela à être le témoin de sa glorieuse transfiguration sur le Thabor et de sa douloureuse agonie au jardin de Gethsémani. Ce fut saint Jacques qui, le premier de tous les apôtres, donna à son maître le témoignage du sang. Son ardeur l'avait conduit jusqu'en Espagne, et le peuple espagnol, d'après ses antiques traditions, l'a toujours reconnu pour son apôtre. La Providence le ramena à Jérusalem pour mourir par le glaive d'Hérode.

L'histoire ecclésiastique nous a conservé un trait touchant de son martyre. Celui qui avait livré saint Jacques au persécuteur, témoin de la liberté avec laquelle il confessait Jésus-Christ, et profondément ému de la générosité de l'apôtre, se déclara lui-même chrétien. Ils furent conduits ensemble au supplice. Cet homme pria saint Jacques de lui pardonner. L'apôtre se recueille, il embrasse son dénonciateur devenu son frère devant la foi : Que la paix soit avec vous ! dit-il. Et ils meurent l'un et l'autre sous le glaive du bourreau, ou plutôt ils triomphent ensemble par la charité de Jésus-Christ.

« Que Dieu, N. T. C. F., daigne exaucer le vœu de notre Souverain-Pontife, et que la solennité de l'invention du corps de saint Jacques devienne pour vous un nouvel et puissant encouragement à la vie chrétienne !

« Conformément aux lettres apostoliques du 1er novembre 1884, une indulgence plénière, applicable aux âmes du purgatoire, pourra être gagnée par les fidèles qui, s'étant confessés et ayant fait la sainte communion, visiteront l'une des trois églises de la Villette, du Grand-Montrouge et d'Aubervilliers, le dimanche 26 juillet, jour de la solennité de saint Jacques, et prieront Dieu avec piété, en implorant l'intercession de ce glorieux apôtre pour les graves nécessités de l'Église, son exaltation et l'extirpation des hérésies et des sectes perverses.

« Cette indulgence pourra être gagnée, non seulement par les paroissiens, mais aussi par tous les fidèles qui visiteront les églises susdites.

« Et sera la présente lettre pastorale lue au prône des trois églises paroissiales de la Villette, du Grand-Montrouge et d'Aubervilliers, le dimanche 19 juillet.

« Donné à Paris, sous notre seing, le sceau de nos armes et le seing du chancelier de notre archevêché le 12 juillet 1885.

« J. Hipp., Cardinal Guibert,
« *Archevêque de Paris.*

« Par Mandement de Son Eminence,

« E. Petit,
« *Vicaire général, chancelier.* »

On ne verra plus des Sen Yakés, des Jacobites, des Coquillards, avec bourdon, gourde, panetière, chapeau constellé de coquilles et enfin avec un lourd manteau contre la pluie, s'acheminer vers la Galicie. Mais est-ce à dire que c'est la fin des pèlerinages de Compostelle? Nous ne le croyons pas. On ne voit pas des *Romieux* aller à Rome en suivant le chemin de ce nom, ni des *Palmigeri* ou *Palmati* venir avec des palmes de la Palestine et cependant depuis les croisades y a-t-il eu tant de pèlerins que de nos jours à Rome et à Jérusalem? Notre siècle n'est-il pas le siècle des pèlerinages? Que l'Espagne catholique trouve, comme la France, son Père Picard, son Père Bailly et les pèlerinages de St-Jacques reprendront. Que le Pays Basque cispyrénéen trouve un prêtre comme le très regretté M. l'abbé Laparade, curé de la cathédrale de Bayonne, à qui revient l'honneur d'avoir le premier inauguré les beaux pèlerinages de Lourdes, et ce prêtre entraînera Basques et Béarnais aux pieds du grand apôtre d'Espagne; et leurs frères d'au-delà les monts les y suivraient et enfin les autres viendraient après.

Nous avions écrit ces lignes quand dans un journal d'Espagne nous lisons : « *Pèlerinage à Santiago :* Après plusieurs années dans l'inaction, le 11 avril prochain va se rétablir le pieux usage des anciens temps des pèlerinages de divers pays vers Santiago de Compostelle pour honorer et vénérer le tombeau du célèbre patron d'Espagne. — Un pèlerinage de Munich, sous la direction de M l'abbé Méry, passera par la France et gagnera la côte orientale d'Espagne pour arriver à Pontevedra le 16 mai : et ira ensuite en Allemagne par la voie de *Curtis.* Les pèlerins, croit-on, seront en grand nombre. »

Plus près de nous, les Tertiaires de St-François, sous la conduite des PP. capucins de Bayonne, n'ont-ils pas inauguré cette année (1899) un pèlerinage aux pieds du célèbre Christ de Lezo (Espagne)? Sans doute Lezo n'est pas St-Jacques de Compostelle, mais pour un pèlerinage français n'est-ce pas quelque chose que d'avoir pu franchir les Pyrénées? Que l'Espagne achève le dernier tronçon du chemin de fer de Santiago et on verra les Basques des deux versants des Pyrénées se lever et à leur suite les catholiques de France et d'Espagne courir en foule au tombeau du célèbre apôtre.

Pleins de confiance dans l'avenir, nous nous proposons d'indiquer les traces matérielles, les lieux de passages des anciens, les établissements hospitaliers qui bordaient les routes Ils étaient nombreux : il y avait des grandes routes ou artères, il y avait des chemins de raccord, de raccourci, de traverse; chaque personne, pour ainsi dire, avait le sien; et s'il est vrai de dire que tout chemin mène à Rome, on peut dire que tout chemin menait à Compostelle.

La plupart des hôpitaux et auberges ont été détruits par la Révolution ; d'autres ont été affectés à des destinations particulières. Ceux que nous pourrions indiquer seront semblables aux étoiles qui à *Iria Flavia*, révélèrent le tombeau de St Jacques ; ils attesteront dans chaque localité la piété de nos ancêtres pour le grand apôtre d'Espagne et rappelleront les insignes bienfaits qu'ils en obtinrent.

IX

Confréries.

Bayonne eut sa confrérie dont M. l'abbé Dubarat publie les statuts dans son beau travail sur le Missel de Bayonne de 1563. Monseigneur Bertrand d'Echaux, évêque de Bayonne, établit dans sa cathédrale, en 1604, la procession générale de la confrérie de saint Jacques. On trouve, dans les archives communales de Bayonne, l'acte de cette fondation.

Après la Révolution qui dispersa les pierres du sanctuaire et fit disparaître tant de documents de nos églises, Bayonne voulut rétablir sa confrérie. On s'adressa à Bordeaux. Nous donnons ici : « *Les statuts et règlements de la confrérie des pèlerins de saint Jacques établis à Bayonne, conformes à ceux de la confrérie de Bordeaux* ». C'est, on le voit, le rétablissement de la confrérie ; il eut lieu en 1805.

« *Approbation des statuts que les confrères pèlerins de cette ville ont reçus des pèlerins de Bordeaux.* »

« Par vouloir et consentement de tous les confrères de cette ville, il a été approuvé que les présents statuts que nous avons reçus du corps de la confrérie des pèlerins de Bordeaux, sont très respectables par les règlements qu'ils contiennent et par leur ancienneté et approbation, et que chacun de nous, confrères, en particulier nous proposons de mettre en pratique tous les articles qu'ils renferment, à moins de cas légitime. »

« Nous ajoutons à la suite des présents statuts le détail de chaque article en particulier, ce qui nous a paru avantageux pour la plus grande gloire de Dieu et le salut de nos âmes. On suivra les cas exclusifs et amendes portés sur les nouveaux statuts, chapitre VIII, article 35 en suivant. Sur le détail des nouveaux statuts on n'a pas touché l'article 30 des anciens statuts de Bordeaux qui parlent suffisamment sur les confessions et communions des quatre fêtes annuelles non plus que l'article 13 sur l'obligation que le chapelain ou clerc es obligé de veiller sur la conduite des confrères.

« Pour conclusion, on suivra les nouveaux statuts, c'est-à-dire le détail des statuts de la respectable confrérie de Bordeaux.

A Bayonne, le 8 septembre 1805. »

Statuts et Réglement de la Confrérie du glorieux S. Jacques le Majeur, Apôtre de notre Sauveur et Rédempteur J.-C. instituée jadis, fondée et établie en l'Eglise Paroissiale de S. Michel de Bordeaux le 25 juin 1624 par Monseigneur S. E. le cardinal de Sourdis, à l'honneur et gloire de la trez Sainte Trinité, Père, Fils et Saint Esprit, un Seul Dieu, de la Bienheureuse Vierge Marie, Mère de Dieu, et de S. Jacques le Majeur, Confirmée et Approuvée par l'illustrissime et Révérendissime Jérôme Marie Champion de Cizé, Archevêque de la susd. ville et primat d'Acquitaine. »

Premiérement a été statué par le vouloir et consentement de tous les confrères et confréresses que le troisième Dimanche avant la fête de S. Jacques-le-Majeur Apôtre de N. S. J.-C. qui est le 25 juillet, tous les Confrères en général se trouveront en l'Eglise S. Michel au lieu destiné pour tenir Cabelle (chapelle) et que là les contreboursiers clercs, mande, et autres sachant quelque bien, et profit de la Confrairie seront tenus le déclarer et manifester en pleine compagnie, pour y être du mieux qu'il sera possible, et pour empêcher les scandales et les troubles des gens scandaleux qui pouraient être en lad. confrérie.

2. Le second dimanche avant lad⁰ fête seront aussi tenus de s'assembler de la même façon, et après la Stᵉ Messe dite, les présens statuts seront lus par le clerc de lad⁰ confrérie en présence de tous les confrères et confréresses d'icelle aux fins qu'ils soient gardés et observés de tout le pouvoir d'un chacun et que le tout puisse être à l'honneur, et gloire de Dieu et au salut des âmes des confrères et qu'il paroisse suivant l'exemple et parole du Fils de Dieu chacun cherche premiérement le Royaume de Dieu et sa justice, et que les autres'choses soyent ajoutées et octroyées.

3. Le dimanche avant la fête se représentera le dire du Prophète : *Préparez les voyes du Seigneur, faites les sentiers droits*, pour se préparer a recevoir les saints sacrements et suivre le saint apôtre leur patron. Chacun sera obligé d'entendre la stᵉ messe de lad⁰ confrairie et la prédication que la confrairie appellera et ensuite chacun se confessera et communira et ceux qui n'auront pour lors la commodité de se présenter au Sᵗ Sacrement de pénitence et recevoir lé Sᵗ

Sacrement de la très Ste Eucharistie ce jour là, y satisferont le jour de St Jacques ou le dimanche suivant.

4. *Item* a été ordonné que le premier dimanche après la messe, les contreboursiers seront tenus de donner à dîner à treize pauvres nécessiteux qui se pourront trouver pélerins à défaut de pauvres confrères, et à défaut de pélerins, à autres pauvres honteux et nécessiteux qui se trouveront, et arrivant que le contreboursier y manque et ne donne à dîner aux dits treize pauvres, suivant l'ancienne coutume de la confrairie, payera cinq livres de cire pour la réparation du luminaire.

5. La veille de la fête, tous les confrères seront tenus de se trouver à vêpres à la prédication et à la procession qui se fait après vêpres en l'église des Révérends Pères doctrinaires, appellée maison professe, attendu que l'église de St-Léon, où se fesoit autrefois la ditte procession, a été détruite. Lad^e procession se fera suivant la même coutume de lad^e confrairie, et là prieront Dieu pour l'extirpation des hérésies, exaltation de notre Mère Ste Eglise, pour notre St Père le pape, pour Monseigneur l'illustrissime et révérendissime Jérôme Marie Champion de Cicé, archevêque de Bordeaux et primat d'Aquitaine, pour la concorde des princes chrétiens, pour notre roy très chrétien et toute la lignée royale et pour ceux qui conduisent son conseil au gouvernement de cette monarchie.

6. Le jour de la fête, ceux qui ne se seront confessés et communiés avant le dimanche, le feront ce jour là s'ils le peuvent, et en humilité et en dévotion se prépareront ce jour là pour honorer la fête en toute révérence et que toute rancune et malveillance soit ôtée du cœur des confrères et après la première messe, tous se prépareront pour aller à la procession en toute dévotion sans aller d'avant la d^e procession en aucune taverne ni cabaret, et tous ceux qui se seront trouvés buvant en taverne ou en cabaret durant le d^t tems, payeront trois livres de cire applicables à la réparation du luminaire de la d^e confrérie.

7. *Item* celui qui jurera et blasphémera le s^t nom de Dieu et des saints ou proférera aucune parole vilaine et deshonnête, ou ne se contiendra en son devoir tant la veille de la fête que le jour, obéissant en toute humilité aux sindics des contreboursiers, clerc, mande et bourdonnier qui seront députés par pluralité de voix le dimanche avant la fête pour conduire, faire ranger les confrères à leur devoir et tous les contrevenants au présent article seront condamnés de

payer le gage suivant : L'exigence du cas en cabesse qui ne sera pour
le fait, et qu'à cette occasion le clerc tiendra régie de ceux qui auront
ainsi mal fait, pour être pourvu contr'eux comme de raison.

8. *Item* : qui refusera d'être bourdonnier, ayant ainsi, comme dit
est, été nommé payera deux livres de cire pour la réparation du
luminaire.

9. Et qui ne se trouvera tant aux premières qu'aux secondes vêpres,
à la procession, à la messe et prédication ce jour là de la fête, payera
une livre de cire pour la réparation du luminaire.

10. *Item* : a été ordonné par volonté de tous les confrères et
confréresses, qu'il se fera trois anniversaires généraux l'année pour
tous les confrères décédés, savoir : le lendemain de la fête S‪t‬ Jacques
le Majeur ; le premier jour de l'an et le jour de S‪t‬ Jacques et de
S‪t‬ Philippe, qui est le premier de mai, et qui ne se trouvera ès dits
anniversaires, payera le gage, sans nul mercy, sinon qu'ils n'ont
suffisantes causes.

11. *Item* : a été ordonné que le jour de la fête après vêpres, on
délivrera le bourdon de la d‪e‬ confrérie au plus offrant et dernier
enchérisseur et celui à qui il sera délivré sera tenu de donner bonne
et suffisante caution et que les sindics et contreboursiers ne pourront
le délivrer par dessous mains à aucun, que ce ne soit en pleine compagnie et ainsi que dit est après vêpres à cri public et par le chapelain
et autres prêtres suivant la même ancienne coutume et feront ceux à
qui il sera ainsi délivré son tems de donner leur caution et payer la
cire ou la valeur aux dits contreboursiers pour faire faire le luminaire
de la d‪e‬ confrérie et le trois mois au paravant la fête, autrement
seront contraints au payement de la dite cire ou argent et qu'aucun
n'enchérisse qu'il ne veuille payer le tout sans aucun rabais et que si
aucun contreboursier leur rebat aucune chose, sera tenu de la payer
en son privé nom ; car il ne faut rien donner à Dieu à contre-cœur,
mais comme dit l'apôtre, que toutes choses soient faites au nom de
Notre-Seigneur J.-C.

12. *Item* : sera permis de faire une collation sobre et déjeuner la
veille de la fête à ceux qui payeront et porteront leur billet en la
manière accoutumée, et qui fera insolence à la ditte collation payera
le gage.

13. *Item* : a été ordonné que le lendemain de la ditte fête du glorieux S‪t‬ Jacques, jour et fête de S‪t‬ Anne, tous les confrères et confréresses étant assemblés et après le service achevé, le clerc de la d‪e‬

confrérie sera tenu de dire et lire à haute voix les présents statuts ensemble tous les défauts, dont il aura été averti durant l'année pour être contre les contrevenants pourvus par les sindics et contreboursiers et confrères, ainsi qu'ils aviseront est au plus expédiant qu'il leur sera possible pour continuer entr'eux l'amitié fraternelle et obvier aux négligences et autres défauts qui se commettent en la dite confrérie.

14. Et à ces fins cela fait les contreboursiers anciens et qui auraient fait la recette la d⁰ année, seront tenus nommer deux confrères de la dite confrérie un des dits paroissiens de la ville de Bordeaux des plus capables habillés et profitables à la ditte confrérie qu'il pourra choisir; desquels deux en sera pris un et si la compagnie ne les trouve capables, en prendra un tiers, le tout suivant la pluralité des voix suivant l'ancienne coutume.

15. *Item :* on fera quatre sindics le même jour et incontinent après lesquels sindics seront, savoir : un de Sᵗᵉ Eulalie, un de Sᵗ Rémi et les autres deux de Sᵗ Michel, lesquels seront tenus prêter le serment de bien procéder à la reddition des comptes des contreboursiers et de prouvoir le bien de la confrérie de tout leur pouvoir et assister les contreboursiers en tout lieu, tant pour la levée des rentes qu'autres affaires de la dite confrérie, et avenant le décès d'un des 3 sindics, en sera nommé un autre à sa place, le plus suffisant et capable de la paroisse du décédé.

16. Et avenant qu'aucun refusât d'être sindic, payera huit livres de cire pour la réparation du luminaire, sinon qu'il eut suffisantes causes.

17. Comme aussi qui refusera d'être contreboursier payera cinq livres de cire pour la réparation du luminaire, sinon qu'il eut suffisantes causes.

18. *Item :* a été ordonné par volonté de tous qu'il se fera deux cierges nommés veillexduys et deux cornaliers pour mettre aux deux côtés de l'autel quand le prêtre dit la messe, deux torches et un flambeau ensemble dix-huit cierges, lesquels deux veillexduys seront portés au corps pour brûler après ce mort, jusqu'à ce que les dits corps se sortent du logis et sortant du logis jusqu'à l'église ces torches, et lorsque l'évangile et l'élévation se fera et ces dix-huit cependant l'office se dira le tout en la manière accoutumée de la dite confrérie.

19. *Item :* si aucun confrère décédé ayant toujours bien payé et qu'à l'article de la mort, il n'eut de quoi payer la dernière année, la frairie

ne laissera pour cela de donner tant de luminaires, croix, drap de morts que ce qu'on porte aux décès.

20. *Item* : tous les confrères seront tenus de se trouver aux funérailles des autres confrères décédés et principalement ceux de la paroisse d'où le confrère sera décédé ; qui ne se trouvera, de la paroisse, payera le gage, sans excuses légitimes.

21. *Item* : sera fait une boîte pour les pauvres nécessiteux confrères et tous les dimanches chacun sera tenu donner pour les pauvres nécessiteux selon sa dévotion ; lesquels nécessiteux seront assistés par les contreboursiers de ce qui se trouvera en la ditte boîte.

22. Si aucun confrère ou confréresse injurie un autre tant à la collation, procession, la veille ou le jour de St Jacques, payera deux livres de cire pour la réparation du luminaire.

23. *Item :* a été ordonné qu'on élira un clerc et un mande qui seront tenus prêter serment devant le chapelain de la dite confrérie, les sindics contreboursiers présents de bien et fidèlement servir la confrérie et ne souffrir ne laisser rien perdre à leur défaut ou coulpe, si le clerc ou mande font rien perdre seront tenus de le payer en leur particulier et seront payés pour leurs services de salaires compétens et ainsi que la compagnie avisera et suivant l'ordinaire.

24. Et en outre, le mande aura de chaque confrère décédé, lorsqu'il veillera le corps et fera son devoir, dix sous et les souillers s'il est le premier mandé en la maison du décédé, suivant la même coutume.

25. *Item :* s'ils étaient malades ou absents, on pourra mettre un autre clerc ou mande en leur lieu jusqu'à leur retour et relevé, qui seront payés sur leurs gages.

26. *Item :* que le luminaire se fera tous les ans, celui qui sera besoin pour la confrérie en la maison du contreboursier ou autres lieux destinés pour la compagnie et ce en leur présence pour éviter les abus qui pourroient se commettre en la façon des dits luminaires, le tout suivant l'ancienne coutume, les contreboursiers avec le clerc et mande y assisteront et sera dépensé le moins que sera possible.

27. *Item :* plus est statué et ordonné par volonté de tous les confrères et confréresses de la dte confrérie qu'aucun ne pourra être enregistré dans le livre de la dte confrérie qu'il ne soit homme de bonne vie et honnête conservation et qu'il ne fasse apparoir (apparaître) par bonnes lettres ou due attestation, comme il s'est confessé en l'église St-Jacques en Galice autrement nommé Compostelle.

28. *Item :* que chaque confrère ou confréresse payera pour l'entrée

en la dite confrérie douze livres avec le droit du mande et du clerc anontremés?être pris; et après tous les ans, vingt-quatre sous suivant la même coutume et ceux qui ne payeront, seront contraints comme de raison.

29. Et en outre, pour un plus solide entretien du luminaire de la confrérie pourront amasser les dits confrères avec un plat ou bassit les dévotions des confrères pendant le service divin selon toute fois et à l'heure qu'il est prescrit par les règlemens donnés par Monseigneur l'illustrissime et révérendissime Jérôme Champion de Cicé, archevêque du diocèse de Bordeaux.

30. Et afin que les dits confrères soient unis en bonne amour et concorde les uns avec les autres pour entretenir les présents statuts, a été ordonné qu'ils seront tenus se confesser et communier aux quatre fêtes annuelles, comme à Noël, Pentecôte, Ascension, la Toussaint ou durant leurs Octaves à ce que par le moyen de ce vrai pain des anges, de paix et de concorde, ils puissent vivre tous ensemble, en même union et paix et qu'après cette vie, ils puissent monter aux cieux en la félicité éternelle.

31. Finalement est dit et arrêté que, si la confrérie arrivoit à avoir quelque affaire, tous les confrères en général seront tenus de l'assister.

Certifié conforme aux deux originaux qui sont entre nos mains en notre qualité de syndic de la confrérie.

De plus, nous déclarons avoir aussi entre nos mains outre plusieurs titres temporels qui constituent la dite confrérie, et les rentes et biens qu'elle possédait.

1° Une autorisation de N. S. P. le Pape Innocent pour notre Chapelle dédiée comme si dessus à St Jacques le Majeur dans le église St Michel en cette ville en date du 11 avril de l'an 1746.

2° Un bref d'indulgence plénière accordée par le S. P. le Pape Alexandre VII, le 13 février 1662 à tous les confrères et confréresses qui à l'article de la mort prononceront le nom de Jésus et le prieront, et qui en cas d'impossibilité, le prieront de cœur et à ceux qui après s'être confessés communieront et visiteront le jour de la fête de St Jacques dans la dte chapelle etc. etc. etc. depuis les vépres jusqu'au coucher du soleil.

3° Même indulgence et pour les mêmes causes accordées le 20 janvier 1686 par le St Père le Pape Innocent 11, etc. etc.

Nous avons écrit fidèlement les notes ci dessus des originaux qui sont revêtus des permis des archevêques éxats à chaque époque. En face de tout quoi nous avons signé les d⁵ extraits comme étant sincères véritables et entièrement conformes aux d⁵ originaux. En foi de quoi nous avons signé, à Bordeaux, le 20 floréal an 13.

Marque de Dominique Forterie, premier sindic de la dite fraitrie.

Signé : *P. Berthau*, aîné, boursier.

Je soussigné interprète juré des langues vivantes en cette ville, declare et atteste surabondamment à MM. les syndics de la confrairie S' Jacques-le-Majeur, attestans ci dessus signés, avoir littéralement et fidèlement copié les pièces ci-dessus énoncées, des originaux qu'ils ont entre leurs mains, et après avoir scrupuleusement collationné le présent extrait. — En foi de quoi, j'ai signé, à Bordeaux ce 5 floréal an 13, et de l'ère chrétienne 25 mai 1805. — *Merle*, prof. de langue viv.ᵗᵉˢ

Certifions la présente copie des statuts et règlement de l'ancienne confrairie de S' Jacques être conforme à l'original, avec lequel elle a été collationnée. A Bordeaux le 25 mai 1805 — 5 prairial an 13.

De Jeze vic. génⁱ.

lieu du sceau de l'archevêque.   Par mandement. *P.S. Delest,* se⁵

———

« *Au nom de Dieu et de la Vierge Marie et de notre glorieux patron S' Jacques-le-majeur* » à ceux qui liront ou entendront lire les présents statuts, salut et paix en N. S. Jésus-Christ.

Statuts et réglements de la confrérie de S' Jacques-le-majeur, apôtre de {notre Seigneur Jésus-Christ, instituée jadis fondée en l'Eglise cathédrale de notre dame de Bayonne, en l'honneur et gloire de la très S'ᵉ Trinité, père et fils et S' Esprit, un seul Dieu, de la vierge Marie mère de Dieu, et de S' Jacques-le-majeur, apôtre, confirmés et approuvés par Mᵍʳ Joseph Jacques Loison, évêque de Bayonne, consentis et reçus par tous les confrères comme s'ensuit :

§ I.

Des Fonctionnaires de la Confrérie.

Art. 1. — La confrérie des pélerins de Bayonne étant sous la juridiction immédiate de Mᵍʳ l'évêque de Bayonne, tous les confrères l'honoreront comme leur premier supérieur et père spirituel. La confrérie aura trois fonctionnaires principaux, savoir le supérieur, le sous-supérieur et le chapelain. Ils seront établis par élection libre des membres de la confrérie à la pluralité des voix, et seulement pour l'espace de trois ans. On pourra néanmoins les continuer si on le juge à propos.

Art. 2. — Ceux qui, sans excuse légitime, connue et approuvée par le conseil ou assemblée, refuseront la fonction pour laquelle ils auront été élus paieront l'amende ci-dessous établie.

§ II.

Devoirs des fonctionnaires.

Du supérieur. — *Art. 3.* — Le supérieur sera par sa conduite exemplaire le modèle de tous les confrères ; il tiendra la main à ce que chacun d'eux et particulièrement ceux qui sont en charge, remplissent exactement leur devoir.

Art. 4. — S'il apprend qu'il y a de la division entre ses confrères, il emploiera son zèle pour rétablir entr'eux l'esprit de paix et de charité et au cas que ces soins deviennent inutiles, il fera tenir à l'assemblée pour y mettre ordre, en imposant, s'il le faut, les peines et amendes portées dans les présents statuts.

Art. 5. — Dans le cas où les confrères seraient injustement traversés dans l'usage de leurs privilèges, par quelque personne que ce soit, le supérieur fera tenir l'assemblée pour délivrer sur cet article. La délibération faite, le supérieur sera tenu d'en faire part au directeur de la confrérie pour recevoir ses avis, et d'agir ensuite selon ses bons conseils pour faire cesser cette persécution. Si le cas l'exige, le supérieur accompagné du sous-supérieur, s'adressera à Mgr l'évêque du diocèse pour lui donner connaissance du fait, et recevoir ses avis salutaires sur l'article en question.

Art. 6. — Si le cas exige que nous soyons obligés d'avoir recours aux bras séculiers, le supérieur, accompagné du sous-supérieur seront tenus d'en informer les autorités constituées civiles, pour arrêter au plus tôt la rebellion que quelques malfaiteurs pourraient manifester au désavantage du repos public. Tous les confrères et confréresses satisferont avec le plus grand zèle et la plus grande prudence possible sur le présent article en particulier et sur tous les autres, en qualité de frères et de membres de Jésus-Christ.

Devoirs du sous-supérieur. — *Art. 7.* — Le sous-supérieur est tenu de veiller sur la conduite des confrères, soit dans l'assemblée, soit dans le S sacrifice de la messe et autres cérémonies, et à ce que chacun d'eux soit habillé le plus proprement possible. C'est lui qui sur cet article décidera si quelque confrère doit payer l'amende portée dans les présents statuts ou le supérieur en son absence.

Devoirs du chapelain. — *Art. 8.* — Le chapelain prendra soin de la chapelle, il recevra du supérieur l'inventaire des ornements et effets de l'église appartenants à la confrairie et il le conservera soigneusement pour en rendre compte exact quand il en sera requis. Les dits ornements et effets seront déposés chez lui sous sa responsabilité, sauf le cas d'incendie ou vol dûment prouvé. Faute de preuves, le supérieur fera juger la chose par le corps de la confrérie, et chacun devra alors sonder les replis de sa conscience pour prononcer un jugement juste et équitable, soit qu'il s'agisse de faire rétablir ou restituer ce qui est perdu soit qu'il s'agisse d'imposer des peines, des amendes ou enfin d'exclure un coupable du corps de la confrérie.

Art. 9. — Le chapelain préparera la chapelle la veille que la messe ou autres cérémonies devront se dire, ou le jour même de grand matin. Il aura soin de faire dire les messes aux jours marqués par nos statuts : il fera la quête de suite après l'offrande, et en remettra le produit au supérieur.

Art. 10. — Il prendra par écrit les noms, prénoms, état et demeure de chaque confrère en particulier. Il est obligé de les prévenir pour les messes, assemblées et autres cérémonies ; faute par lui de le faire, il paiera l'amende que le confrère devroit payer s'il était prévenu et qu'il ne s'y rendit pas. Le chapelain est exempt de contribuer aux frais de la confrérie.

Art. 11. — Aussitôt que le chapelain sera instruit qu'il y a quelque confrère malade, il s'y transportera le plus tôt possible pour s'informer de son état ; il en fera son rapport au supérieur lequel s'y transportera avec le sous-supérieur pour l'exorter à régler ses affaires spirituelles et temporelles et dans le cas où le confrère seroit dans l'indigence, le supérieur en donnera connoissance à tous les confrères, afin que chacun contribue selon ses facultés pour le soulager dans ses peines. S'il est en danger de mort, il l'exortera à penser au salut de son âme et lui représentera qu'il doit bientôt paroître au redoutable tribunal du grand juge des vivants et des morts.

Art. 12. — Le conseil ou assemblée sera composé des principaux membres de la confrérie par rang d'ancienneté autant qu'il se pourra.

Il sera formé du nombre au moins de six, sans y comprendre les trois fonctionnaires; il sera présidé par le supérieur, et à son défaut par le sous-supérieur, et à défaut des deux, par le chapelain. Il délibérera sur les affaires de la confrérie.

§ III.

Dons et quêtes en faveur de la Confrérie.

Art. 13. — Quand un confrère ou autre personne quelconque voudra faire quelque don à la confrérie par contrat ou par testament, il sera spécifié si c'est un don purement gratuit, ou avec charge de quelque fondation; le motif en sera expliqué, et au cas que le don ne vaille pas la peine d'être stipulé, ou mis dans le testament, il sera reçu et déposé entre les mains du supérieur, pourvu toutefois que ce don ne soit pas au préjudice de celui qui le fait, ni de ses parents ni de son prochain. Les membres ou chefs de la confrérie s'en informeront avec le plus grand soin avant de le recevoir.

Art. 14. — Le supérieur et sous-supérieur feront la quête le jeudi et vendredi-saint en l'église et paroisse de Notre-Dame, où la dite confrérie est établie, et en leur absence un ou deux confrères nommés par eux les remplaceront.

Art. 15. — La croix et la bannière seront mises à l'enchère le dimanche avant le jour de la fête-Dieu. Le supérieur fera cette enchère, et ceux à qui ces objets resteront en paieront la valeur de suite après l'enchère ou donneront bonne caution approuvée par nous.

§. IV.

Du costume des Pélerins, dans les cérémonies publiques.

Art. 16. — Le costume des pélerins quand ils devront être présentés aux cérémonies publiques est selon nos statuts d'avoir la boîte contenant les certificats d'un vrai pélerin placée du côté gauche, la gourde au côté droit, le colletin étendu sur les épaules avec reliques aux coquilles, le plus propre qu'il se pourra, avec le bourdon à la main ayant la hauteur de six pieds un pouce tout au bas Ils devront avoir ce costume aux jours de certaines cérémonies sous peine d'amende.

Art. 17. — 1° Les jours des cérémonies publiques sont pour les confrères le jour de St Jacques-le-majeur, apôtre; ils sont tenus d'avoir leur costume au très St Sacrifice de la messe où le sous-supérieur distribuera le pain béni et ils assisteront à la procession en costume ; 2° Le jour de la fête-Dieu ils seront habillés à la procession seulement ; 3° Le jeudi et le vendredi-saint, ceux qui feront la quête seront habillés en costume ; 4° Les jours d'enterrements ou levées de corps de nos confrères défunts ou autres personnes, ils seront tenus d'avoir leur costume ; 5° les bourdons seront ornés de rubans le jour qu'on célébrera la fête de St Jacques-le-majeur, apôtre, et le jour de la fête-Dieu seulement ; 6° Les jours d'enterrement ou levées de corps les bourdons seront revêtus d'un crêpe ou ruban noir.

§ V.

Des messes de fondation et anniversaires.

Art. 18. — Il sera célébré une messe tous les seconds dimanches du mois et un autre le dimanche le plus près de la fête de St-Jacques-le-Majeur.

Art. 19. — Il se fera trois anniversaires généraux l'année pour tous les confrères décédés, savoir : le lendemain de la fête de St Jacques-le-Majéur, le lendemain du premier de l'an et le lendemain de St Jacques et St Philippe ; premier mai, ou au premier jour libre le plus prochain ; et celui qui ne se trouvera pas aux dits anniversaires payera l'amende portée aux dits statuts, à moins d'excuse légitime.

Art. 20. — Aux messes de fondation il y aura deux confrères des plus anciens, suivant leur compostelle, au pied de l'autel, l'un à droite, l'autre à gauche, avec le recueillement et la modestie la plus exacte ; il leur sera donné un cierge allumé à chacun d'eux en particulier.

Art. 21. — Quand on portera les sacrements à quelque confrère ou confréresse malade, il sera nommé six confrères au moins pour accompagner le St Sacrement tenant chacun un cierge à la main : ils prieront Dieu par l'entremise de Marie Vierge pure et de notre patron le glorieux St Jacques, qu'il lui plaise de soulager le malade dans ses maux, et qu'il lui accorde le pardon de ses péchés, afin qu'il puisse jouir un jour de la gloire éternelle. Ils accompagnent ensuite le St Sacrement à l'église.

Art. 22. — Les confrères de Bayonne et du St-Esprit sont tenus de s'assister pour la cérémonie dont il vient d'être question dans l'article 21, mais ceux d'ailleurs n'y sont nullement tenus. De leur côté, les confréres de Bayonne et du St-Esprit peuvent se dispenser d'assister à la dite cérémonie s'il s'agit d'un confrére d'ailleurs.

Art. 23. — Quand il y aura un enterrement d'un confrére, les confréres se transporteront à l'église, et de là marcheront suivant l'ordre du supérieur vers la maison du défunt, où étant arrivés, ils se prosterneront tous devant la croix qui sera placée à côté du lit du défunt et prieront pour le repos de son âme. Le supérieur dira le *de profundis* à voix basse. Quatre ou six des plus jeunes confréres, suivant leur compostelle, feront la levée du corps, sauf les trois principaux fonctionnaires qui en seront exempts, à moins de cas légitime. La croix sera escortée par les deux confréres qui auront été choisis pour assister au St sacrifice de la messe, et chacun d'eux tiendra un flambeau à la main. Le défunt sera habillé en costume ; au cas que le bourdon soit trop long, on le coupera pour le mettre dans la biére. La biére restera découverte jusqu'à ce que les prêtres auront achevé leurs cérémonies. Les trois principaux fonctionnaires seront placés derrière le corps du défunt et tous les autres accompagneront la croix. La levée du corps sera faite *gratis*, mais si les parents du défunt veulent faire quelque don, il sera accepté pour l'entretien de la confrérie, et s'ils veulent donner de quoi faire dire des messes pour le repas de l'âme du défunt, la somme sera déposée entre les mains du directeur de la confrérie, lequel en délivrera quittance au supérieur, ou en son absence au sous-supérieur. Quatre confréres des plus anciens porteront le drap mortuaire.

Art. 24. — La levée du corps des confréres et confréresses défunts se fera *gratis* sur le territoire de Bayonne, et aux trois paroisses voisines, qui sont le St Esprit, St Pierre d'Iruby et Anglet où nous serons obligés d'assister tous à moins de cas légitime, approuvé par nous sous peine de payer l'amende portée sur nos statuts. Lorsqu'il décédera un confrére au-delà des limites mentionnées ci-dessus, si ses parents jugent à propos que la confrérie fasse la levée du corps, ils paieront les frais ainsi qu'il suit : 1° six francs pour la croix ; 2° deux francs par jour pour chacun de nos confréres qui y assistera depuis le jour de leur départ de Bayonne jusqu'à celui de leur retour. La croix ne pourra passer les limites dont s'agit sans être escortée de six confréres dont le porte-croix devra être du nombre. Ils ne partiront que sous bonne caution.

Art. 25. — Ceux qui sans excuse légitime connue et approuvée refuseront d'assister aux messes, ou quand on porte les Sacrements ou aux enterrements et ceux qui négligeront de s'y faire remplacer par quelque confrère, paieront l'amende portée sur nos statuts.

§. VI.
De la réception des confrères.

Art. 26. — S'il se présente des confrères ou confréresses pour être reçus dans la confrérie, ils ne le pourront qu'après avoir produit de bons certificats constatant qu'ils se sont confessés et ont reçu le très St sacrement de l'Eucharistie à l'église de St Jacques de Compostelle, en Galice. Le supérieur vérifiera les dits certificats avec la plus grande exactitude, ou en son absence le sous-supérieur. Il faut de plus que le confrère qui désire se faire recevoir, produise quelque jour avant sa réception un billet constatant qu'il a reçu le très saint Sacrement de l'Eucharistie, ou qu'il est disposé à le recevoir; il devra aussi nommer le prêtre qui l'a confessé. Le dit billet sera déposé entre les mains du supérieur. On n'y recevra que des personnes qui mènent une vie conforme à l'Evangile de Jésus-Christ et qui sont soumises aux lois de l'église catholique, apostolique et romaine. Aucune personne accusée de vol ou autre crime quelconque par les autorités constituées civiles ne pourra y être reçue, lors même qu'elle auroit subi les peines prononcées par la justice, relatives à son crime. On retranchera pour toujours les confrères et confréresses de mauvaise foi. Une novice ne pourra être reçue qu'après avoir pris connaissance des présents statuts. On lui en fera lecture trois fois en jours particuliers, pour lui faire connoitre qu'il doit se soumettre à tous les articles portés sur les présents statuts. Il sera reçu à la pluralité des voix. Au cas que quelqu'un de nos confrères reconnaisse au novice quelque défaut portant préjudice à lui-même ou à son prochain, il est tenu d'en faire sa déclaration au supérieur seulement sous des preuves authentiques. Après les qualités requises portées sur nos statuts reconnues au novice, on l'enregistrera. Il sera tenu de donner douze francs pour l'entretien de la confrérie, avant d'être enregistré.

Art. 27. — Au cas qu'il y ait des personnes qui désirent de se faire recevoir dans la confrérie par dévotion sans avoir fait le voyage de St Jacques de Compostelle, elles seront tenues de remplir les formalités mentionnées article 26 excepté celle relative au certificat de l'église St Jacques de Compostelle en Galice, qu'elles ne peuvent remplir. Elles paieront six francs par an, à compter du jour de leur réception. Elles ne pourront en aucune circonstance s'habiller en costume, sous peine d'être retranchées de la confrérie, c'est-à-dire qu'elles ne pourront porter ni colletin, ni bourdon, ni boîte, ni gourde, mais seulement un cierge à la main lorsque l'occasion se présentera. Elles seront tenues d'assister aux cérémonies de quelle espèce que ce soit où les autres confréres pélerins assistent, sous peine d'être retranchées de la confrérie, ou de payer l'amende selon le cas. Elles ne pourront entrer en charge à moins de cas légitime, ces cas sont ; 1° Qu'il ne reste aucun confrère pélerin ; 2° ou qu'aucun des confréres pélerins qui restent ne put pas occuper la charge vacante ; alors on en pourrait prendre un parmi eux ; mais encore faudrait-il qu'il cédât sa place s'il rentroit dans la confrérie quelque pélerin ayant fait le voyage et qui eut la capacité nécessaire pour remplir la place. Aux assemblées, elles porteront la voix sur les élections et autres conclusions. Après leur mort, on fera la levée du corps *gratis* tel qu'à un confrère pélerin, excepté qu'ils ne seront point à découvert dans la bière.

§ VII

De l'ordre des assemblées de la Confrérie.

Art. 28 — Aucun membre ne pourra faire assembler les confréres que par ordre du supérieur, ou en son absence du sous-supérieur.

Art. 29. — Aucune assemblée majeure ou supérieure ne sera commandée que par billets et par ordre du supérieur. Il sera expliqué si elle est majeure ou inférieure ; si elle est majeure, ceux qui ne s'y rendront pas paieront l'amende portée sur les présents statuts ; si elle est inférieure, ils paieront l'amende portée sur l'article inférieur à moins de cas légitime connu et approuvé par nous.

Art. 30. — Aux assemblées et délibérations ou conclusions de délibérations, le supérieur aura deux voix, les causes qui nous seront présentées seront délibérées et conclues à la pluralité des voix ; aucune délibération ne sera conclue qu'il n'y ait au moins quatre confréres et que le supérieur n'y soit présent, ou en son absence le sous-supérieur. Au cas que la délibération qu'on aura faite ne soit pas au gré du supérieur, nous lui donnons plein pouvoir de nous faire assembler de nouveau pour nous faire appercevoir en quoi nous avons pu manquer dans la précédente délibération, et si le cas l'exige, le supérieur en donnera connoissance au directeur de la confrérie, et la délibération sera conclue par lui seul.

Art. 31. — Le supérieur tiendra compte exact des recettes approuvées par le sous-supérieur ou par le chapelain à défaut de celui-ci, ainsi que des dépenses ; il produira des quittances de ces deux objets. Les réglements finals de compte ne se feront que tous les six mois, savoir, la seconde fête de la Pentecôte, et la seconde de la Noël à deux heures de l'après-midi, à moins de cas légitime qui oblige d'avancer ou de reculer les dits réglements finals de compte.

Art. 32. — Dans les assemblées, le sous-supérieur placera les confrères par rang d'ancienneté suivant leur compostelle. Celui qui aura convoqué l'assemblée exposera le motif pour lequel il a fait rassembler ; il ne sera pas interrompu dans son discours ; quand il aura fini de parler, chaque confrère en particulier répondra par tour de rôle avec toute la prudence et l'équité due à un confrère fidèle observateur de nos statuts. Lorsque quelque confrère voudra parler avant son tour de rôle, le sous-supérieur lui imposera silence.

Art. 33. — Lorsque les confrères seront obligés de s'habiller en costume pour assister à quelque cérémonie, suivant l'usage de l'église catholique, apostolique et romaine, le sous-supérieur sera tenu de faire la visite des gourdes de chaque confrère sans exception avec la plus exacte régularité, afin de s'assurer qu'elles sont vides. Le supérieur aura le même droit lorsqu'il le jugera à propos. La visite faite, le sous-supérieur les placera par rang d'ancienneté suivant leur Compostelle, et se placera ensuite au centre pour maintenir les confrères dans leur rang et distances et veiller qu'un profond silence règne parmi eux.

Art. 34. — Aucun confrère ne pourra s'absenter du St Sacrifice de la messe, processions, enterrements ou autres cérémonies après y avoir été présent, sans la permission du supérieur, ou en son absence du sous-supérieur, sous peine de payer l'amende. Si un confrère a besoin de se rafraîchir, il ne pourra le faire dans une auberge, ou lieu public quelconque, mais seulement chez un particulier. Le supérieur pourra le faire accompagner par un autre confrère, s'il le juge à propos. Si le confrère entre dans une auberge ou lieu public quelconque et qu'il soit sans costume, il paiera l'amende que l'on paie en pareil cas. S'il est en costume, il paiera l'amende relative au cas du costume.

§ VIII

Cas exclusif de la Confrérie pour toujours.

Art. 35. — Par vouloir et consentement de tous les confrères, il a été statué ce qui suit :

1° Si quelque confrère ou confréresse est convaincu de conspiration contre les autorités constituées, soit ecclésiastiques ou civiles, il sera retranché de la confrérie.

2° Si quelque confrère ou confréresse est convaincu de vol, ou d'être complice ou recéleur de vol de quelle espèce que ce soit, il sera retranché de la confrérie.

3° Si quelque confrère ou confréresse est convaincu de s'adonner à l'ivrognerie ou d'avoir donné sujet de scandale public, ou d'avoir mené une vie contraire au St Évangile et aux lois de l'Eglise catholique, apostolique et romaine, ou d'avoir sollicité son prochain à suivre une telle vie, il sera retranché du corps de la confrérie.

4° Si quelque confrère ou confréresse refuse d'assister à la messe ou d'accompagner le St Sacrement lorsqu'on le portera à quelqu'un de nos confrères malade ou de se faire remplacer par un confrère, si, dis-je, il fait un tel refus sans excuse légitime approuvée par nous, il sera retranché du corps de la confrérie.

5° Si quelque confrère ou confréresse condamné à une amende quelle qu'elle soit, refuse de la payer après un tems moral fixé par nous, il sera retranché du corps de la confrérie.

6° Si quelque confrère ou confréresse refuse de payer les contributions de chaque mois, fixées par nous pour l'entretien de la confrérie, après un temps moral fixé par nous, il sera retranché du corps de la confrérie.

7° Au cas qu'il y ait quelque confrère ou confréresse convaincu par l'Eglise catholique, apostolique et romaine d'être mort de désespoir, de s'être par exemple étranglé, ou noyé, ou précipité dans le feu ou autre part, ou brûlé, ou percé par quelque arme offensive, ou empoisonné, etc., il est défendu à tous les confrères et confréresses d'en faire la levée du corps ni d'y assister habillés en costume, sous peine d'être retranchés du corps de la confrérie. Si par esprit de charité, nos confrères jugent à propos de le porter en terre, ils le pourront, ils le pourraient, comme ils le feroient à toute autre personne inconnue, sans toutefois être habillés en costume. Enfin, si les prêtres de l'Eglise catholique, apostolique et romaine priés par les parents du défunt ou par nous d'en faire levée du corps s'y refusent, nous ne pourrons y assister ; mais s'ils en font la levée du corps, nous serons tenus d'y assister comme il a été expliqué à l'article 23, en un mot, nous devrons nous conformer en tout à ce qu'ils feront.

8° Les confrères et confréresses qui seront retranchés du corps de la confrérie ne pourront prétendre aux biens temporels présents et à venir de la susdite confrérie.

9° Un confrère ou confréresse qui aura été retranché du corps de la confrérie pour un temps limité conforme à nos statuts ne pourra se présenter à la messe, assemblées, processions, enterrements ni autres cérémonies jusques au temps échu de son exclusion, sous peine d'être retranché pour toujours du corps de la confrérie. Après son temps échu, il est obligé de se présenter dans le délai de quinze jours devant son supérieur, ou en son absence devant son sous-supérieur avec la soumission due à un confrère fidèle observateur de nos statuts pour recevoir ses ordres. Si, sans excuse légitime connue et approuvée par nous, il manque de se présenter à l'époque fixée, il sera retranché pour toujours du corps de la confrérie.

§ IX

Cas sujets à l'amende.

Art. 36. — Par vouloir et consentement de tous les confrères, il a été statué ce qui suit :

1° Si quelque confrère refuse d'être supérieur, sous-supérieur ou chapelain il paiera l'amende de douze francs ;

2° Ceux qui négligeront de s'habiller le plus proprement qu'ils pourront pour assister à la messe ou aux assemblées, processions, enterrements paieront l'amende de dix sous ;

3° Ceux qui ne se rendront pas à la messe avant que l'offrande ne soit faite paieront l'amende de cinq sous ;

4° Ceux qui manqueront aux messes anniversaires ou messes de *requiem* paieront l'amende de un franc ;

5° Ceux qui n'assisteront pas aux assemblées majeures paieront l'amende de trois francs ;

6° Ceux qui n'assisteront pas aux assemblées inférieures paieront l'amende de deux francs ;

7° Ceux qui seront surpris avec leur gourde contenant du vin, de l'eau ou quelle autre espèce de liqueur que ce soit, étant habillés en costume, paieront l'amende de un franc ;

Ceux qui s'absenteront de la messe, procession, enterrement, assemblée, après y avoir été présents sans la permission du supérieur ou en son absence sans celle du sous-supérieur, paieront l'amende de deux francs ; — si c'était le sous-supérieur qui s'absentât sans la permission du supérieur ou celui-ci sans celle du sous-supérieur, ils paieroient l'amende de trois francs ;

9° Ceux qui entreront dans une auberge, taverne ou autre endroit public quelconque pendant le cours des processions ou autres cérémonies lorsque nous sommes obligés d'être en costume, paieront l'amende de trois francs ;

Ceux qui sans excuse légitime connue et approuvée par nous, entreront dans une auberge, taverne, ou endroit public quelconque en costume en quelque temps que ce soit paieront l'amende de six francs ;

11° Ceux qui se présenteront ivres à la messe, procession, assemblée, enterrement ou autre cérémonie, paieront l'amende de six francs et seront retranchés pour trois mois du corps de la confrérie

12° Si dans quelque cérémonie que ce soit, un confrère cherche dispute à un autre, il paiera l'amende de trois francs ;

13° Si un confrère en frappe un autre qui est en costume, il paiera l'amende de douze francs, et sera retranché pour six mois de la confrérie.

J. J. Loison, évêque de Bayonne. Vu les statuts ci-dessus de la confrérie des pèlerins du St Jacques de la ville de Bayonne, nous les avons trouvés conformes à la piété chrétienne, et nous exhortons les membres de cette confrérie à s'y conformer pour l'honneur de la religion et l'édification des fidèles. Bayonne, 16 août 1805.

        ✝ J. J. évêque de Bayonne.

              lieu du sceau.

C'est pour témoigner la satisfaction que je ressens de voir rétablir la confrérie des pèlerins dans mon église, que je déclare avoir lu et relu les statuts cy dessus approuvés par Msr notre évêque et de les avoir jugés très propres à sanctifier les confrères qui se feront un devoir de les suivre ponctuellement Bayonne, le 18 octobre 1805.

       Signé : Eyharabide, curé de la cathédrale.

Nous, soussigné, prêtre curé de la ville de St-Esprit-les-Bayonne, après avoir fait lecture attentive des statuts de la confrérie des pèlerins de St Jacques *rétablie* dans l'église de Notre-Dame de la ville de Bayonne et approuvée par Mgr notre évêque, déclarons n'y avoir rien trouvé qui ne fut bien propre à nourrir et à accroître la piété et la religion des confrères, déclarons en outre que nous apprendrons toujours avec un nouveau plaisir que les pèlerins de notre paroisse déjà reçus, ou qui se feront recevoir dans la suite dans la susdite confrérie, se conforment avec ponctuation aux dits statuts et tâchent par la pureté de leurs mœurs, leur zèle ardent pour la religion catholique, apostolique et romaine, d'édifier non seulement ceux qui sont agrégés à leur corps, mais même ceux qui sont témoins de leur vie publique et privée.

St-Esprit, le 2 may 1806.　　　　　Signé Darricarrère, curé.

« Nous, confrères *pèlerins*, avons rétabli la confrérie du glorieux Saint Jacques le Majeur, apôtre de notre Sauveur et Rédempteur J.-C., grâce à Dieu le Père, à Dieu le Fils, à Dieu le S.-E. par l'entremise de Marie Vierge pure et du glorieux St Jacques-le-Majeur, apôtre de notre Sauveur et Rédempteur Jésus-Christ. — Après avoir entendu faire lecture et pris connaissance des présents statuts, nous avons signé et (pour ceux qui ne savent signer, une croix tient lieu de signature).

Ont signé : Joseph Lasserre, supérieur, natif de.... diocèse de Rieux ; Marc-Antoine Lafargue, sous-supérieur, natif de.... en Querci diocèse de.., ; Jean Barrau (?) chapelain, natif de Viellenave, diocèse d'Oloron ; Jean Besse, natif de Nérac, diocèse de Condom ; André Laporte, natif de Lescar ; Joseph Baratot (?) natif de la paroisse de St-Vincent, du diocèse de... Ont signé par une croix en présence de deux témoins : Jean Périssé, natif de Montauban ; Jean Gorrix, natif d'Anglet, diocèse de Bayonne ; Ange Dufourg, natif d'Anglet, du diocèse de Bayonne ; Pierre Cruchade (?) natif de... du diocèse de Dax ; Bertrand Babi, natif de St-Etienne du diocèse de Dax ; Fre Bourdo, natif de la paroisse de St-Lambert du diocèse... ; Antoine Jonqua, natif d'Azères (?) du diocèse de Tarbes ; Jean Laborde, natif de Langon, du diocèse de Baras (?).

« Nous, Marc-Antoine Lafargue et Jean Barrau, déclarons et certifions avoir été témoins oculaires de l'approbation des présents statuts par seing de chacun de nous confrères en particulier et ceux qui n'ont pas su signé une croix faite par chacun d'eux en particulier tient lieu de signature. En foi de quoi, nous avons signé, à Bayonne, le 10 novembre 1805, Marc-Antoine Lafargue, sous-supérieur ; Jean Barrau, chapelain.

« Je soussigné, supérieur de la susdite confrérie, déclare et atteste que la présente approbation faite par nous confrères à été confirmée par le sous-supérieur et par le chapelain de la susdite confrérie et très conforme à leur désir. En foi de quoi, signé à Bayonne, le 10 novembre 1805. Joseph Lasserre, supérieur (1) ».

Dans plusieurs de nos paroisses basques, il y avait des confréries de St Jacques. Nous donnons ici les statuts de celle de Saint-Jean-le-Vieux que nous avons trouvés dans les archives départementales.

Articles et statuts de la frérie de St Jacques, instituée à l'église paroissiale de St-Jean-le-Vieux, à la requeste de Pierre de St-Martin, habitant dud. lieu, faisant tant pour luy que pour.... habitans aussi de lad. paroisse, desirans estre confrères de lad. frérie.

Premiérement, lesd. confrères s'obligent de payer chacun.... au commencement, pour les frais de lad. frérie et ordonnent que ceulx qui voudront entrer à l'advenir, en payeront autant.

Secondement, ils désirent qu'aucun desd. confrères venant à décéder, trois messes seront celebrees pour luy au depens de lad. frérie, la premiére le jour de l'enterrement, la seconde le jour de la neufvene et la troisiesme au bout d'an.

En troisiesme lieu s'il arrive entre lesd. confreres quelque diférant ou inimitié ou dispute, le chapelain et le clavier de lad. frérie les exorteront de se réconcilier et de remettre leurs intéréts à ceulx que la confrérie nomera et celuy quy ne voudra aquiescer à leur jugement sera rayé de lad. frérie.

En quatriesme lieu, lesd. chapelain et le clavier auront le soin de visiter les confréres malades et de les faire confesser et communier et s'ils ont eu diyete, de les secourir de deniers de lad. frérie suivant leur nécessité.

Cinquiesmement, lesd. confrères se confesseront et communieront le jour de St Jacques, leur patron, ou pendant trois jours après, et le mesme jour ou autre en la sepmaine, s'assembleront pour les comptes de leur clavier et procederont à la nomination d'un autre nouveau et se cotiseront selon qu'ils aviseront et remettra chacun sa quote part entre les mains dud. clavier pour l'entretenement de lad. frérie.

Nous avons veu et examiné les articles et statuts de la presente

(1) Le lecteur aura remarqué cette exubérance d'approbations. Nous avons dû changer l'orthographe des derniéres qui était vraiment trop défectueuse.

frérie et les avons approuvés, sans préjudice des droictz du curé ou vicaire dud. lieu.

Fait à Bayonne le premier (?) septembre 1660 (1).

DEUXIÉME PARTIE

PREMIÈRE SECTION

Voies romaines, chemins romius, routes du Codex de Compostelle et autres passages de nos ports.

I.

Voies romaines: C'étaient 1° celle de Dax *(Aquæ Tarbellicæ)* à Toulouse ; elle passait par *Benearnum* (Lescar), *Oppidum Novum* (Nay) et Coarraze où elle quittait le département ; 2° celle d'Astorga à Bordeaux *(ab Asturica Burdigaliam)* qui, reliant Pampelune (Pampelone), Osteriz ou Iturissa, Roncevaux *(Summum Pyrenæum)*, St-Jean-Pied-de-Port *(Immum Pyrenæum)*, Garris *(Carrasa)* et Dax *(Aquæ Tarbellicæ)*, se joignait à la voie précédente. — De Dax à Bordeaux, il y avait deux voies, l'une allant directement à cette dernière ville, l'autre reliait Dax et Bordeaux avec les stations de l'Océan. Nous en parlerons plus loin. — De la chapelle d'Ibañeta ou de Charlemagne près de Roncevaux, pour descendre à St-Jean-Pied-de-Port, il y avait aussi deux voies : l'une passant aux hôpitaux auberges d'Irasqueta et de Gorosgaray, le long du ruisseau d'Argneguy, Valcarlos, Arneguy, Lasse ; l'autre descendait par le col de Benate, la droite de la montagne d'Altabiscar, château Pignon, chapelle d'Orisson ou d'Arisson à la vallée St-Michel,

3° Celle de Saragosse à Lescar *(Cæsar Augusta Benearnum)*. Partant de Saragosse, elle entrait dans le département à Urdos, traversait la vallée d'Aspe, Accous, Escot, Lurbe, Oloron, Aubertin, Artiguelouve pour, à Benearnum, pour se joindre à la voie de Dax à Toulouse.

Il y avait encore des voies secondaires : Nous signalerons pour le Béarn, celle de la vallée d'Ossau, qui se joignait aussi à la grande

(1) *Arch. B. P.,* G. 20, f. 4 non paginé

voie de Dax à Toulouse ; et pour le Pays Basque, 1° celle qui partant de Bayonne passait par les hauteurs de S¹-Pierre d'Irube, la grande lande de Hasparren, Bonloc, reliait Lapurdo à la grande voie d'Astorga à Bordeaux, non loin de S¹-Jean-Pied-de-Port ; 2° Celle qui de Bayonne passant, croyons-nous, par les dunes de l'Océan, S¹-Jean-de-Luz, aboutissait à Zubernoa sur la Bidassoa. Ces diverses voies, ainsi que nous le verrons plus bas, indiquent les diverses artères des chemins romius qui, en plusieurs endroits, se confondaient avec les voies romaines.

Ajoutons qu'on a trouvé des ruines d'habitations de luxe, des inscriptions, des monuments romains disséminés à Pau, Bielle, Gan, Taron, Bayonne, Hasparren, Tardets, S¹ᵉ-Marie d'Oloron, Soeix, Escot, Buzy, Barcus, S¹-Jean-le-Vieux, etc. En 1860, nous avons été témoins de la découverte de deux ou trois vases pleins de monnaies romaines, trouvés par des ouvriers défricheurs, derrière la borde dite d'Arcangues, au sommet de la grande lande de Hasparren. Qu'on n'en soit pas étonné : on sait que les voies romaines allaient en droite ligne *per montes et valles.* C'étaient des pièces du temps de Gassien, de Claude le Gothique, Tetricus et de Victorin. Malheureusement, lorsque nous fûmes sur le lieu, les vases avaient été brisés et égarés par les ouvriers. On a trouvé une médaille romaine dans le chemin des dunes (aujourd'hui envahi par la mer) qui de Ciboure mène à Socoa. Enfin on a trouvé une autre monnaie romaine à Irun à la frontière espagnole (1).

II.

Chemins romius : On donnait ce nom à tous les chemins suivis depuis le IX⁰ s⁰ par les pèlerins ou *romius.* Ces routes étaient bordées d'abbayes, de monastères, commanderies, hôpitaux, prieurés avec hôpital, enfin de simples chapelles ou oratoires avec abri toujours ouverts aux pèlerins surpris par le mauvais temps. L'Eglise de tout temps a pratiqué avec une affection particulière l'œuvre charitable, qui consiste à offrir un asile gratuit et temporaire au voyageur nécessiteux comme aux pèlerins, sans se préoccuper ni de sa person-

(1) Marca, liv. I, chap. 2 ; *Congrès scientifique de France* à Pau 1873, t. II p. 169 et suiv. — Nos *Rech. hist.* t. I p. 13-16 ; — A Lavergne, *les Chemins de Saint Jacques, documents particuliers.*

nalité, ni de sa nationalité. Partout et surtout le long des chemins romius, elle favorisa la construction des établissements hospitaliers.

Il en est, dans nos pays, dont on attribue la fondation à Charlemagne. Un ordre religieux et militaire, celui de *Saint Jaques de l'Épée rouge*, qu'il ne faut pas confondre avec l'ordre de *Saint Jacques de la foi et de la paix* fondé au XIIe s^e par Amanieu I, archevêque l'Auch, fut spécialement établi pour protéger les pèlerins de Saint Jacques contre les infidèles. Il avait pour devise : *Rubet ensis sanguine Arabum* (1). L'abbaye de Roncevaux eut ses moines militaires pour défendre les pèlerins au tombeau de l'apôtre d'Espagne (2). Le célèbre monastère, pour ne parler que de nos pays, possédait les commanderies avec hôpitaux de Bon-Conseil (Lasse), Bidarray, Bonloc, Bayonne, Yeralarre (St Michel), Arçoris, Recaldea, Alçu, Casaus etc. Toutes ces commanderies étaient granges ou administrations, sauf Bonloc qui était bénéfice ; dans toutes il y avait un hôpital pour recevoir les pèlerins passants, et les revenus étaient portés à Roncevaux. Tous ces établissements hospitaliers avaient l'obligation de porter à Roncevaux les pèlerins malades aux dépens du dit monastère (3).

L'antique abbaye de Ste Christine, au port d'Ossau, à la frontière espagnole, avait encore dans nos pays plusieurs commanderies-hôpitaux, entre autres celles de Lacommande et de St-Christau. Voici ce qu'on lit dans le *Codex de Compostelle* (4) sur ce célèbre hôpital, l'un des trois généraux de l'univers catholique :

« Le Seigneur a établi dans ce monde trois colonnes fort nécessaires pour le soutien de ses pauvres ; ce sont les hôpitaux de Jérusalem, l'hôpital de Montjoie (à Compostelle), et l'hôpital de Ste-Christine qui se trouve au port d'Aspe. Lieux saints, maisons de Dieu, réfection des saints, repos des pèlerins, consolation des pauvres, salut des malades, asile des morts comme des vivants. Ceux donc qui ont élevé ces maisons sacrosaintes posséderont sans aucun doute le royaume de Dieu. »

Les grands monastères ne furent pas seuls à élever et à doter les

(1) Lavergne p. 5.

(2) Nos *Rech. hist.* t. I p. 100.

(3) *Archives dép.* G. 219 note de M. l'abbé Dubarat. *La Commanderie d'Ordiarp*, du même auteur.

(4) Liv. IV chap. IV. *de tribus hospitalibus cosmi.*

hôpitaux. Les évêques, les rois et les princes, les seigneurs et enfin les particuliers suivirent leur exemple.

Nous avons donné plus haut les noms de quelques-uns de ces insignes bienfaiteurs. Nous en donnerons encore d'autres. Mais combien pourrions-nous en ajouter si nos confrères et nos compatriotes voulaient nous aider de leurs recherches. Devrons-nous toujours dire avec un grand évêque basque, dans ses travaux et ses angoisses : *Nullus fuit de gentibus mecum !* (1).

Dans toutes les commanderies, même dans celles de l'ordre de Malte, du moins dans nos pays, il y avait un hôpital, une église ou oratoire, il y avait aussi un lieu réservé à l'inhumation des pèlerins et des pauvres passants décédés. Dans quelques habitations, dites *ostau*, il y avait une auberge ou hôtellerie dépendantes des hôpitaux. Dans nos contrées, elles étaient attachées à des fiefs dépendant des rois de Navarre, des princes de Béarn, des seigneurs de Gramont, etc. Dans ces fiefs, faut-il voir d'anciens fiefs ecclésiastiques usurpés par les princes, à l'instar des dîmes inféodées ? Il est permis d'en douter, du moins pour quelques-uns d'entre eux. Ce qu'il y a de certain, c'est que la langue basque donne le nom d'*ostatua* (ostau) aux auberges et que dans cette langue le mot *héberger* se traduit par *ostatzea*.

Les hôpitaux étaient servis ordinairement par des religieux, mais le plus souvent dans nos pays, c'étaient des *donati* ou frères oblats et des béates (d'où le nom de *benoîtes*) faisant les trois vœux simples et annuels (2).

III

Routes données par le livre IV du Codex de Compostelle ; l'ensemble du réseau formé par les chemins de Compostelle.

Nous devons à l'obligeance du très érudit M. Webster de Sare — à qui nous sommes heureux d'adresser l'expression de notre gratitude — de connaître le très remarquable travail du R. P. Fidel Fita y Colomé, de la Compagnie de Jésus, sur le codex entier de Compostelle, précieux document du XIIᵉ siècle. Le livre IV, publié avec la

(1) Mgr d'Echaux.
(2) V. Balasque, *Études historiques* passim. ; — et nos *Rech. hist.* t. I p. 92.

collaboration de M. Julien Vinson, professeur à l'École nationale des langues orientales et analysé par M. Léopold Delisle, est de la dernière importance pour connaître les chemins de Compostelle. On y lit : « Quatre chemins vont à Saint-Jacques : ils se réunissent à Puente-la-Reina (ad Pontem Reginœ, en Espagne).

« Le premier, par Saint-Gilles, Montpellier et Toulouse, va au port d'Aspe ;

Le second passe par N. D. du Puy, Sainte-Foi de Conques et Saint-Pierre de Moissac ;.

Le troisième, par Sainte-Madeleine de Vezelay, Saint-Léonard en Limousin et Périgueux ;

Le quatrième, par Saint-Martin de Tours, Saint-Hilaire de Poitiers, Saint-Jean-d'Angely, Sainte-Eutrope de Saintes et Bordeaux.

Ces trois derniers se réunissent à Ostabat pour traverser les Pyrénées au port de Cise et rejoindre à Puente la Reina (au sud de Pampelune) le premier chemin qui traverse les montagnes au pont d'Aspe. A partir de Puente la Reina, il n'y a qu'une voie (1) ».

A l'aide de la *carte des chemins de Saint-Jacques en Gascogne* de M. Adrien Lavergne, nous continuons ces quatre voies vers nos pays, en indiquant sommairement quelques localités qu'elles traverseraient.

La première voie de Toulouse, depuis cette ville, suivait la voie romaine indiquée par l'itinéraire de Bordeaux à Jérusalem et par la carte de Peutinger, arrivait à Auch... traversait Larreule... Morlàas ...*Lescar*... Oloron... St-Christau... Accous... Urdos... Ste-Christine (à la frontière espagnole)... Pampelune .. Puente la Reina.

La deuxième ou de Moissac... passant à Lectoure... Condom... Eauze... Aire... Arzacq.... *Audejos*... Sauvelade... Navarrenx... Arroue... Saint-Palais... arrivait à *Ostabat*.

La troisième ou de Périgueux, par la Réole... Bazas... Mont-de-Marsan... St-Sever... Orthez... Sauveterre.... St-Palais, allait aussi à *Ostabat*.

La quatrième ou de Bordeaux, suivant la ligne de Belin... Labouheyre... Dax... Sordes... Ordios... Garris... St-Palais, se rendait à *Ostabat*.

La première de ces voies entrait dans le département à Luc-Arnau, traversait, d'après M. Raymond, le très regretté archiviste

---

(1) *Codex de Saint-Jacques de Compostelle*, liv. IV ch. 1: *De riis Sancti Jacobi Apostoli.* pp. 2 et 3.

des Basses-Pyrénées, Luccarré, Monis, Anoye, Abère, St-Laurent-Bretagne, Gabaston, St-Jammes, Morlaàs, Buros, les Landes du Pont-Long, Lescar. Les pèlerins trouvaient dans cette dernière ville un grand hôpital richement doté par Gaston IV, vicomte de Béarn, compagnon de Godefroy de Bouillon à la 2e croisade.

De cette même ville (de Lescar), il était loisible aux pèlerins, suivant leur voie par Oloron, St-Christau, Accous, Sarrance (1), Urdos, Ste-Christine (à la frontière espagnole), Canfranc, de se rendre à Jaca pour, obliquant en ce lieu, se rendre à Pampelune, Puente la Reina.

S'ils le préféraient, en quittant cette voie à Lescar, par un chemin de raccourci, ils pouvaient rejoindre la 2e voie ou de Moissac à *Audéjos*, et même la 3e, à Orthez, en passant par Bougarber, Cescau, Casteide-Cami, Serres-Sainte-Marie, *Audéjos*, Duazon, Castillon (canton d'Arthez), Urlos, Arthez, Argagnon, Castetis, Orthez. Dans cette ville, il y avait 1o un hôpital de l'ordre du St-Esprit dépendant de Dijon en 1290 et cité dans une bulle de 1372 ; 2o l'hôpital de la Sainte-Trinité doté par Gaston de Béarn de 100 sols dans son testament du 21 avril 1250 ; 3e celui de Saint-Gilles, cité par Raymond ; 4e celui des Cagots ; 5e celui de St-Loup à Départ ; 6e celui de Sauvelade près d'Orthez, devenu plus tard la grande abbaye de ce nom, et enfin l'hôpital-commanderie de Clèdes, à Salies, non loin d'Orthez. Cette dernière ville, à raison des croisements des routes, était très importante.

La deuxième voie ou de Moissac, par Lectoure.. Condom... Eauze... Aire... entrait dans le département à Arzacq et par *Audéjos*, Sauvelade et Navarrenx, Aroue, Saint-Palais, Uhart, atteignait Ostabat. — Les pèlerins, de cette ligne, trouvaient à Navarrenx une commanderie-hôpital sous le patronage de saint Antoine (2). D'après Cassini une voie romaine de cette ville menait par Charre, Hôpital-St-Blaise, Undurein, Oyercq à l'hôpital de St-Jean de Berraute, à Mauléon, appartenant aux chevaliers de Malte. De cette dernière ville, les pèlerins, par Ordiarp, Saint-Just, Larcevau, Civils, Utziat, pouvaient aller à *Ostabat*.

(1) De Sarrance, par un chemin de raccord, quelques pèlerins prenaient le chemin de Sainte-Engrace du Port pour y vénérer les reliques de la sainte. On sait que ces pieux voyageurs ne traversaient guère de localités sans vénérer les reliques du lieu ou des environs.

(2) Lavergne p. 21.

La troisième voie ou de Périgueux, suivant la ligne de La Réole...
Bazas... Mont-de-Marsan... Saint-Sever... entrait dans le département près de Sault-de-Navailles. De cette localité jusqu'à Osserain, elle suivait l'un des chemins vicomtaux du Béarn, « *l'un deus camiis es deu pont de la Faderne entre au Savant* » (Osserain). (Fors du Béarn au XIIe se) (1) et traversait Sainte-Suzanne, Lanneplàa, Hôpital d'Orion, Orion, Andrein, Burgaronne, Sauveterre, Osserain, Saint-Palais, et arrivait à Ostabat. Dans ces localités et autres citées plus haut, les pèlerins trouvaient des établissements appartenant à l'ordre de Malte et dépendant de la commanderie de Caubin-Morlaàs (2).

La quatrième voie ou de Bordeaux, par Belin... Muret... Labouheyre... *Sousquet*... Dax... *Sordes*... entrait au département à Serenx, et par St-Pé de Léren... Ordios... La Bastide-Villefranche... Garris... Saint-Palais... descendait à *Ostabat.* — A Sousqaet, lieu fort important, d'après *l'itinéraire de chansons*, les pèlerins qui ne voulaient pas passer par la Navarre, pouvaient par Castetis... Mageseq... St-Vincent-de-Tyrosse, arriver à Ondres, Tornos, Saint-Esprit-Bayonne.

Le réseau du *Codex de St-Jacques de Compostelle* ne parle ni du chemin romius de Saint-Pé (Hautes-Pyrénées), ni de celui du littoral de l'Océan, ni d'autres chemins de raccord entre les quatre voies précédentes, ni enfin des ports ou passages de nos montagnes.

1° *Chemin de l'abbage de Saint-Pé à Bruissalet au fond de la vallée d'Ossau.* Voici ce que nous en apprend M. R... Raymond :

« Ce chemin nous parait avoir suivi entre Coarraze et Bizanos la voie romaine de Lescar à Toulouse. Nous le plaçons au chemin appelé aujourd'hui chemin d'Henri IV, qui autrefois portait le nom de *chemin de Saint-Pé*, « Lo terts (camii) de Geyres entre Bussalet qui es un port en Ossau aixi aperat », XIIe se (fors de Béarn). Quant au chemin suivi dans la vallée d'Ossau, il nous est suffisamment indiqué par l'hôpital St-Michel de Mifaget, fondé en 1100 (commanderie

---

(1) Le pont de la Faderne entre Argelos et Sault-de-Navailles était à l'extrémité des trois grands chemins vicomtaux de Béarn conduisant à Osserain. M. l'abbé Foix dans son intéressant travail sur les *Anciens hôpitaux*, p. 41, se demande si ce pont n'aurait pas été construit par les Frères *Pontifices* (pontonniers) établis vers 1170.

(2) Raymond, Dicte topographique.

dépendant de l'abbaye de Ste-Christine (1) ; — par Bielle, où il y avait un couvent de Bénédictins ; — par Sanctus Jacobus de Béost ; — par l'Oratoire du Hourat ; par la commanderie-hôpital de Gabas fondée en 1127 par les moines de Ste-Christine (2) ; — et Buissalet à la frontière. Les pèlerins qui suivaient ce chemin allaient à Jaca pour, ensuite, marcher sur Pampelune. Cette voie aussi bien que celle de la vallée fut quelque peu négligée depuis le XVIIe sʳ. On donna la préférence aux chemins des ports de Cise et de la Bidassoa.

2° *Chemin du littoral :* C'était un chemin qui partait de la Pointe de Grave-Soulac (Gironde), longeait l'Océan, arrivait à St-Vincent de Tyrosse, Ondres, Ternos (Landes) à Saint-Esprit Bayonne pour, par St-Jean-de-Luz, Urrugne, aboutir à Zubernoa sur la Bidassoa. C'était, croit-on, une ancienne route romaine secondaire.

Les Romains aimaient la navigation côtière. Ils plaçaient leurs voies militaires le long et non loin des côtes, dans le but de relier les stations navales, de surveiller les côtes, d'approvisionner leurs vaisseaux et enfin de protéger leur marine. Au golfe de Gascogne, ils redoutaient surtout les Vasco-Cantabres. Des vestiges de constructions romaines que l'on a trouvés confirment l'existence de cette route.

Les sables rejetés par l'Océan couvrirent avec le temps les établissements maritimes et empêchèrent le cours des rivières et « les eaux ne pouvant s'écouler dans la mer formèrent, comme dit M. Adrien Lavergne, une sorte de chapelets d'étangs parallèle à la côte. La voie du littoral disparut avec les églises, les maisons et tous les travaux des hom-

(1) Sordes était un établissement gallo-romain très important. L'église jadis abbatiale est pavée en partie de belles mosaïques. Notre ami M. Cantin, maire de Sordes, nous a montré les ruines d'une villa romaine et de très belles mosaïques dans un de ses champs non loin de l'église.

(2) *Le Bulletin du Diocèse*, nᵒ du 28 juillet 1890, dit que d'après les archives de Gabas, vers 1115, Arnaud, év. d'Oloron, vint au monastère de Gabas pour le consacrer (?) ; — qu'en 1550, un autre év. d'Oloron, Gérard Roussel, celui-ci prélat d'une doctrine suspecte, sinon hétéroloxe, fit expulser les religieux de cet établissement, sous prétexte que la dévotion de St-Jacques ayant disparu, la présence des religieux était inutile à Gabas. Au commencement du 17e, les Barnabites les remplacèrent jusqu'à la Révolution. La chapelle romaine de ce couvent subsiste encore. Elle a été visitée le 21 juin 1890 par Mgr Jauffret, ce prélat aussi zélé, dévoué à son diocèse. — Mentionnons encore une intéressante monographie de *l'Espitau de Sendets d'Anoya,* publiée par M. le curé du lieu dans le *Bulletin du Diocèse* nᵒ d'octobre 1898. Cet hôpital administré comme celui de Gabas par des religieux espagnols de Ste-Cristine, remonte au moins au commencement du XIIe sᵉ. Voir Dʳᵉ topogr. de Raymond. Le travail de l'abbé Pédeupé, curé de Sendetz, prouve une fois de plus ce que l'on peut **faire en cherchant.**

mes » (1). Voici ce qu'écrit de son côté M. Thure (2) : « A une époque très reculée, il existait une grande route qui longeait la plage à quelque distance dans les terres et que le peuple désigne sous le nom gascon de *camin roumiou* ou *camin harriou* (chemin frayé) (3). Deux mille ans ont glissé sur lui sans avoir altéré d'une manière trop sensible les syllabes de son nom. Les romains qui ne faisaient qu'une navigation côtière plaçaient autant que possible leurs voies militaires près des côtes pour être à portée de secourir et de convoquer leurs flottes (4) ».

Nous n'avons ni à indiquer les diverses localités de cette route, ni à donner les hôpitaux qui la bordaient. M. Adrien Lavergne a fait ce difficile travail. Disons qu'elle partait de Soulac (N. D. de *Finis-terræ*) sanctuaire remontant d'après une légende à sainte Véronique et à l'apôtre saint Martial, sanctuaire très fréquenté au moyen-âge, dont la vieille église a été découverte sous les sables, du temps du cardinal Donnet, archevêque de Bordeaux, et rendu par lui au culte. Soulac avait son importance. C'est là que débarquaient les pèlerins anglais. Les nombreux vaisseaux qui allaient porter du vin, cidre, etc. en Angleterre revenaient avec des cargaisons de ces pieux voyageurs (5).

Elle arrivait à Ondres, où une autre route romaine de Dax à Bayonne, se joignait à celle-ci, puis à Ternos, où les Maltais possédaient une importante commanderie-hôpital, et enfin à St-Esprit de Bayonne. Dans cette ville, les pèlerins trouvaient cinq ou six hôpitaux sans compter les gîtes accordés par la bienveillance des particuliers.

De Bayonne-St-Esprit, le chemin littoral continuait par les dunes, le long de la côte et arrivait au port de la Bidassoa. L'ancienne route de Bayonne à St-Jean-de-Luz suivait la même ligne jusqu'au lieu où se trouve aujourd'hui l'établissement des bains de cette ville (6).

(1) Loco citato p. 55.

(2) *Promenade sur les côtes d'Espagne :* Poydenot, récits etc. 2e fascicule p. 20 et 203.

(3) Voici un mot basque dans *harriou* (de bonne pierre) (chemin de bonne pierre. — La voie romaine formait une chaussée de 3 m. de large, avec une hauteur de 1 m. dans les lieux marécageux : de là le nom de *lerade* (élevé) qu'on lui donnait quelquefois.

(4) Ibid. p. 56-60.

(5) *Hist. du Commerce et de la navig.* à Bordeaux p. 504-5.

(6) Arch. municip.

Les pèlerins trouvaient des hôpitaux à St-Jean-de-Luz, à Ciboure, à Urrugne et enfin à Zubernoa. En passant à Urrugne, si la fameuse inscription du cadran de l'église (Vulnerant omnes, ultima necat) existait, devait encourager leurs cœurs et accélérer leurs pas.

Le port de la Bidassoa était dans la paroisse de Zubernoa, paroisse partagée aujourd'hui entre Hendaye et Béhobie, paroisse possédant, en 1768, 400 communiants (1). Ici, dit l'*itinéraire des chansons des pèlerins*, c'était la fin du royaume de France.

D'Irun (Sainte-Marie-d-Huzan) premier village, aujourd'hui ville, d'Espagne, la voie continuait par Saint-Sébastien... Tolosa... San-Adrien, d'après quelques auteurs à Puente la Reina, et d'après d'autres à San-Domingo la Calzada. Il ne nous paraît pas probable que les pèlerins du port de la Bidassoa se rendissent à Puente la Reina et moins à Pampelune, parce que, au lieu d'avancer, ils reculaient dans leur marche.

Puente la Reina était non loin de Pampelune; là commençait le chemin français *(el caminofrances)*, suivi jusqu'à Santiago par les pèlerins de nos divers ports. Nous indiquons ici cette route pour ne plus y revenir ailleurs. Une *carte routière des pèlerins* (2) indique 74 villes et localités que les pieux voyageurs avaient à parcourir de Pampelune à Compostelle. En voici quelques noms : Pampelune... Puenta la Reina... Najera... San Domingo la Calzada... Burgos... Léon... Astorga... Villafranca de Vierzo... Hospital... Palar del Rey... Puento Paradiso... Fabraga... Santiago.

La même carte donne les ports où les pèlerins embarqués à Fontarabie ou Bayonne pouvaient descendre à terre, savoir Bilbao, Santander, Gijon (au cap de Peñas), Ribadeo et la Corogne.

Enfin nous avons eu la communication d'un itinéraire de pèlerinage *de Pau à St-Jacques de Compostelle*, manuscrit absolument inédit, rédigé à Lée, près de Pau, en 1777. Nous le donnons dans sa teneur originale et dans sa première orthographe. Nos lecteurs rectifieront facilement l'orthographe des noms de lieux de notre pays. Nous n'avons pas les documents nécessaires pour identifier les noms espagnols.

(1) V. notre *Relevé des procès-verbaux des visites past.* de NN. SS. de Beauvais et Bellefont, év. de Bayonne.

(2) V. cette carte dans le *Pèlerinage de Compostelle* par M. Camille Daux.

ROUTE DE SAINT-JACQUES

De Pau à Monneig	3 lieus.
De Monneig à Nabarengs	3 lieus.
De Nabarengs à Saint-Jean-Pied-de-Port	8 lieus.
De St-Jean-Pied-de-Port à Roncebailles	4 lieus. Hôpital.
De Roncebailles à la Trinité	6 lieus. Hôpital.
De la Trinité à Pampelonne	1 lieu. Hôpital.
De Pampelonne à Pardon	2 lieus. Hôpital.
De Pardon à Pointe la Reine	2 lieus. Hôpital.
De Pointe la Rene à Esteilles	4 lieus.
De Esteilles aus Arcous	3 lieus.
Des Arcous à Bianne	3 lieus.
De Bianne à Lougrougne	1 lieu.
De Lougrougne à Nabarrette	2 lieus.
De Nabarrette à Nacre	3 lieus. Hôpital.
De Nacre à St-Dominique	4 lieus. Hôpital.
De St-Dominique à Villefranque	6 lieus. Hôpital.
De Villefranque à St-Villeran	6 lieus. Hôpital.
De St-Vileran à Villefranque	6 lieus.
De Villefranque à Burgues	8 lieus. Hôpital.
De Burgues à Castresouris	1 lieu. Convent.
De Castre Souris à Carrion	8 lieus. Hôpital.
De Carrion au Grand Cabalier	3 lieus.
De Grand Cabalier au Petit Cabalier	2 lieus.
De Petit Cabalier à Second	1 lieu. Hôpital.
De Second à Mansilles	5 lieus. Convent.
De Mansilles à La Pointe	0
De La Pointe à Lion St-Mareq	2 lieus. Convent-hôpital
De Lion à Ste-Marie d'Arbres	10 lieus. Hôpital.
De Ste-Marie d'Arbres à Biedon	12 lieus.
De Biedon à St-Salbateur	5 lieus.
De St-Salbateur à Foureous	7 lieus.
De Foureous à Condilles	5 lieus.
De Condilles à Nabire	5 lieus.
De Nabire à Ribadieu	5 lieus.
De Ribadieu à Villenube	4 lieus. Convent
De Villenube à Montagne dou	1 lieu.
De Montagne dou à Vielle Arbre	5 lieus.

De Vielle Arbre à Bretance	7 lieus.
De Bretance à Saint-Jacques	10 lieus.
Monte-cy	168 lieus.
Retour de St-Jacques Arcoubes	6 lieus.
De Arcoubes à Malagnede	2 lieus.
De Malagnede à Porte Marino	7 lieus.
De Porte Marino à Saria	3 lieus. Hôpital.
De Saria à Sabredou	2 lieus. Hôpital.
De Sabredou à Villefranque	6 lieus.
De Villefranque à Casevielle	1 lieu.
De Casevielle à Pont-Ferradou	3 lieus.
De Pont-Ferradou à Estorgues	9 lieus. Hôpital.
De Estorgues à St-Martin	4 lieus. Hôpital.
De St-Martin à Lion	4 lieus. Hôpital.

A Lee, ce 9e aoust 1777 (1).

3° *Chemins de raccord indiqués par les hôpitaux :* C'étaient en Béarn ceux de Lescar à Orthez, au gave près de Navarrenx, etc. Au Pays Basque : ceux de Mauléon à Ordiarp, St-Just, Utziat (près d'Ostabat ; — de St-Jean-Pied-de-Port à Baïgorry, Ossès, Bidarray, Souraïde, St-Pé-sur-Nivelle (peut-être à N. D. d'Oxance), Serres, St-Jean-de-Luz ; — de Bayonne aux hauteurs de St-Pierre d'Irube, les landes de Hasparren (1), Bonloc, Irissarry, Jaxu, Aphat-Ospital ou aux environs, etc. Ce dernier chemin, on le voit, suivait la route romaine secondaire qui de Lapurdo allait à St-Jean-Pied-de-Port.

4° *Quelques ports ou passages de nos montagnes.* Les ports de la vallée d'Ossau, de celle d'Aspe, de Cise et de la Bidassoa n'étaient pas les seuls fréquentés par les pèlerins. Nous entendons parler surtout de nos basques. Ceux-ci en fréquentes et anciennes relations avec leurs frères d'au-delà les Pyrénées, connaissaient et suivaient

(1) Communication de M. l'abbé Dubarat. Papiers particuliers.

(1) Nos anciens le savent, jusqu'à la construction de la route d'Hasparren dite de *Pachkouen*, et même jusqu'à notre jeunesse, les voyageurs à pied et à cheval de Hasparren et des communes environnantes, allaient à Bayonne par les hauteurs de la borde dite d'Arcangues, c'est-à-dire qu'ils suivaient la route romaine secondaire, et nous ne nous étonnerions pas si, un jour, on y trouvait quelque lambeau, vestige de la voie tracée par le peuple-roi.

les divers ports ou défilés de nos montagnes. N'étaient-ce les établissements hospitaliers que l'on y trouve, les édits de Louis XIV et de Louis XV, qui visent ces ports (parce que nos basques éludaient ainsi les défenses royales), nous le prouveraient. Citons les défilés de la Pierre de Saint-Martin (la peyre de Sent Martin) à la frontière de la Navarre (réforme du Béarn A. 808f° 91); — le col et le bois de Suscousse (communes de Lannes et de Ste-Engrace); — le port d'Urdayete (commune de Ste-Engrace); — le port de Belay (communes de Larrau et de Ste-Engrace); — le port de Larrau; — le le port d'Istéguy (hameau de St-Etienne-de-Baïgorry); — le col d'Arieta (à la frontière de la même commune); — le col de Bélau (à la frontière des Aldudes); — les passages de Bidarray, d'Ainhoa, etc. Inutile que les pèlerins qui sortaient de ces ports allaient à Pampelune ou au chemin français (1).

IV

Suite des chemins d'Ostabat: Nous avons vu le 2e, 3e et 4e des chemins de *Codex du Compostelle* se réunir à Ostabat. Cette localité, dite jadis ville, réduite aujourd'hui à un modeste village de 3 à 400 âmes, avait, on le voit, son importance. Il y avait deux hôpitaux sans compter les deux voisins d'Utziat-Larcevau et de Harambelz. Par là passaient non seulement les nombreux pèlerins des dits trois chemins, mais encore ceux qui, d'Espagne, venaient en France pour aller à Rome et à Jérusalem, sans parler des rois, princes, etc. de la Navarre espagnole; et l'on peut dire de ce village ce que l'on dit de St-Jean-Pied-de-Port : « Vielle de Camy per la quoau anaven, reys, duxs, comptes, legadz, arcevesques, abatz et moltz autres homis de religion. » (Ancien chemin par où passèrent rois, ducs, comtes, ambassadeurs, archevêques et plusieurs personnages de religion).

De ces hôpitaux, les pèlerins allaient à celui de Harambelz, de là à celui de Bussunaritz ou Aphat-Ospital (2) (St-Jean-le-Vieux). De ce dernier, ils avaient le choix d'aller par l'hôpital séculier de Çaro à Saint-Michel où ils trouvaient trois hôpitaux. En sortant de ces hôpitaux, ils avaient ceux d'Arisson ou d'Orisson, de Reculus (Errecaldea), de Château-Pignon, d'Altabiscar, du col de Bentarte pour arriver à la chapelle d'Ibañeta ou de Charlemagne par Roncevaux. Ils pouvaient encore de St-Jean-le-Vieux aller à St-Jean-Pied-de-

(1). V. une note sur d'autres passages dans nos *Paroisses basques*, t. II, p. 178.
(2) Ces deux hôpitaux n'étaient pas loin l'un de l'autre et se complétaient.

Port, qui possédait deux hôpitaux. En sortant de cette ville, ils pouvaient prendre et suivre la route de St-Michel, dont nous venons de parler, ou autrement par la commanderie de Bon-Conseil, *alliàs* Mocosail (Lasse), par Arnéguy, le long du ruisseau de ce village, les auberges-hôpitaux de Gorosgaray, Irasqueta, arriver à la dite chapelle d'Ibañeta.

Il y avait longtemps que le passage de cette chapelle dans nos pays et vice-versa, avait été ouvert. M. l'abbé Dubarat, dans son remarquable travail sur Roncevaux, publié dans le *Bulletin de la Société des arts* etc. de Pau (1), donne la charte de fondation d'un hôpital au col d'Ibañeta (in vertice montis) et non sur la plaine où actuellement se voit le monastère de Roncevaux. La dite fondation fut faite, en 1127, par Sanche de la Rosa, évêque de Pampelune (in vertice montis qui dicitur Ronsavalis juxta capellam Caroli Magni famosissimi regis Francorum, in quo est, incolæ testantur multa millia peregrinorum mortui sunt, quidam suffocati a turbine nivium, quamplures vivi devorati sunt ab impetu luporum). Ce passage dangereux couvert de neige, infesté de loups causant la mort de plusieurs milliers de pèlerins, semble démontrer qu'il n'y avait pas de lieu de refuge dans la montagne.

Quoi qu'il en soit, le port de Cise ne laissa pas d'être redoutable aux pèlerins même dans des temps plus modernes, s'il faut ajouter foi à certains récits de ces pieux voyageurs et à un passage du *Codex*: « On arrive, y est-il dit, vers le port de Cise dans le territoire des Basques qui possède près de la mer et vers le septentrion la ville de Bayonne. Ce pays, où l'on parle une langue barbare, est plein de forêts, montagneux, dépourvu de pain, de vin et de tout aliment ; on n'y trouve que des pommes, des pois-chiches et du lait. Dans cette région, de méchants gardiens des ports abondent, surtout vers le port de Cise, au *bourg* d'Ostabat et dans ceux de St-Jean et de *Saint-Michel* situés au pied de ce port. Ces gens seront damnés car ils vont au devant des pèlerins avec deux ou trois javelots et leur prennent de vive force d'injustes tributs, et si quelque voyageur ne veut pas leur donner l'argent qu'ils demandent, ils le frappent et lui enlèvent leur tribut, insultant et fouillant jusqu'à leurs poches. Ils sont sauvages, et leur terre aussi sauvage qu'eux, est inculte et barbare. Autant leur visage est terrible, autant la barbarie de leur langue effarouche les cœurs de ceux qui les voient. Ils ne devraient lever tribut que sur les

(1) Année 1888-89.

marchands, mais ils le prennent aux pèlerins et aux autres voyageurs. Quand, selon la coutume, ils ne devraient percevoir pour chaque objet que quatre ou six pièces de monnaie, ils en prennent huit et douze, c'est-à-dire le double.

« C'est pourquoi nous ordonnons et nous demandons (*præcipimus et exoramus*) que ces gardiens de port, que le roi d'Aragon et les autres princes *(cæteri diviles)* qui reçoivent le tribut perçu par ces gens-là, que toutes les personnes qui donnent leur consentement à de pareilles exactions, je veux dire Raymond de Soule (de Solis), Vivian de Gramont (de Acromonte), le vicomte de *St-Michel*, que tous leurs descendants, que les bateliers dont il a été parlé plus haut (à propos du passage du gave près de Sordes) qu'Arnaud de Guigne (de Guinia) et toute sa postérité..; que les prêtres eux-mêmes qui confèrent sciemment à ces gens-là les sacrements de pénitence et de l'eucharistie, qui accomplissent pour eux l'office divin, qui les reçoivent dans leur église, soient excommuniés, non seulement par les évêques de leur diocèse, mais dans la basilique de Saint-Jacques, en présence des pèlerins...

« Sur le territoire des Basques, il y a une très haute montagne appelée le port de Cise, qui passe pour la porte de l'Espagne, car c'est par là que se font les transports d'un pays à l'autre. Elle a huit milles à la montée et huit milles à la descente. Elle est si haute qu'elle semble arriver jusqu'au ciel, et que ceux qui en font l'ascension pensent qu'ils vont toucher de leur main la voûte céleste. De son faîte, on peut voir la mer de Bretagne, la mer occidentale et les frontières des trois contrées, la Castille, l'Aragon et la France. Au haut de cette montagne, est un endroit appelé *Crux Caroli*, parce que Charlemagne allant en Espagne y traça un chemin avec la hache et la pioche et, ayant élevé la croix du Seigneur sur le point le plus élevé, il fléchit le genou, la face tournée vers la Galice, et il fit une prière à Saint-Jacques. Aussi les pèlerins se prosternant à cet endroit, regardant vers Compostelle, font la prière accoutumée et plantent chacun leur croix. On y trouve en effet des milliers de croix ; c'est le premier endroit consacré à prier saint Jacques. » L'auteur de l'article revenant aux « impies basques et navarrais, dit qu'ils ne se contentaient pas de dépouiller les pèlerins allant à Saint-Jacques, mais qu'ils montaient sur le dos comme sur des ânes *(ut asinos equitare)* et les massacraient (1).

(1) *Codex* p. 13.

Quoi qu'il en soit de ces lignes, où il y a plus de ressentiment que de vérité, il est certain qu'il y avait des abus dans les défilés de ces montagnes et que peu à peu ce port fut, vers la fin, quelque peu délaissé par les pèlerins pour aller au port de la Bidassoa.

Nous ne nous arrêterons pas à décrire la célèbre abbaye-hôpital de Roncevaux, ni à raconter l'accueil bienveillant que les pèlerins y recevaient. Nous renvoyons au travail précité de M. l'abbé Dubarat, ou à celui que nous donnons dans nos *Recherches historiques* (1). De Roncevaux, après deux ou trois étapes, les pèlerins se rendaient à Pampelune, ville essentiellement hospitalière, où entre autres établissements hospitaliers on trouvait le grand hôpital pouvant recevoir quatre à cinq cents pèlerins (2).

Nous ne voulons pas cependant terminer ce chapitre sans donner ici le récit du pèlerinage de l'abbé Bonnecaze de Pardies paru dans nos *Études religieuses* en 1898. Il s'exprime en ces termes dans son *Autobiographie :*

« Je pris la résolution d'aller étudier en Espagne ; et, pour réussir à mon projet, je pris le prétexte d'aller à St-Jacques et je le proposai à mon père et à ma mère. Cette idée leur parut encore plus singulière ; ils me traitèrent de fou et de tête légère et m'accablèrent d'injures et de mépris, de sorte que je ne savais plus que devenir, ni comment remplir mon projet.

Cependant, Dieu favorisa mon entreprise ; j'appris que Gomer, de St-Abit, Pétrique d'Arros et Pierre Laplace, de Pardies, devaient aller à St-Jacques. Je fis mon complot avec eux, secrètement, de m'en aller avec eux, et je leur demandai le secret ; ils le gardèrent. Je fis mon paquet, d'avance, de quelques chemises et des livres, et je cachai mon hàvre-sac dans un champ de blé que nous avions derrière

(1) T. I p. 99-109.

(2) L'ancien chemin d'Arnéguy à Roncevaux était un sentier plutôt qu'un chemin. Fréquenté par tant d'illustres personnages, par tant de pèlerins, il était presque à pic et souvent taillé dans le roc. Les mulets — seules montures sûres en ce lieu — à force de passer avaient *creusé* dans le roc les traces de leurs pieds, traces qu'invariablement soit en montant soit en descendant ils suivaient, au risque, quand il avait plu, d'éclabousser et d'asperger le cavalier qui les montait.

Il a été remplacé dans ces dernières années par une belle route de lacet, véritable ruban qui serpentant le long du ruisseau d'Arnéguy, montant à travers des collines et le plus souvent des montagnes abruptes, arrive à côté de l'antique abbaye, pour ensuite continuer jusqu'à Pampelune. Aussi est-elle fréquentée non-seulement par les bas-navarrais, mais encore par les étrangers qui, lors de la belle saison, affluent aux bords de l'Océan.

le jardin ; et, le 1er mai 1748, ils partirent à minuit et moi avec eux ; je partis le premier et je les attendis au bois de Baliros où je m'étais rendu par un chemin détourné, pour n'être pas aperçu.

Tous avaient des passe-ports et de l'argent et je n'avais ni passe-port, ni argent, excepté trois livres ; je me livrais entièrement à la Providence.

Nous fîmes douze lieues de chemin le premier jour. Nous étions à sept heures du matin à Navarrenx. C'est dans cette ville que j'achetai un chapeau pour trente sols et vendis mon béret pour douze sols : je n'avais qu'une mauvaise paire de souliers qui ne me servirent que jusqu'à Pampelune. Depuis lors, je marchai pieds-nus par tout le chemin jusqu'à mon retour à Logroño, ville de Castille, où une veuve, touchée de compassion, m'en donna une paire qui me servirent pour arriver chez mon père. Je fis au moins cent quatre-vingt lieues, pieds-nus.

En allant, étant arrivés à Roncesvailles (1), premier village d'Espagne, ayant passé le port, nous y fûmes bloqués par la neige qui nous obligea de demeurer deux jours à l'hôpital. Pendant ce petit séjour, il y avait là un petit détachement de soldats qui venaient à l'hôpital pour voir s'ils pouvaient surprendre quelque français pour l'engager. Et comme je n'entendais pas leur langage, ils parlaient entre eux des moyens de m'engager, disant que j'étais jeune et hardi pour le service, que j'étais d'assez bonne mine. Ils me demandèrent si je savais écrire ; je leur dis que non. Alors, un jeune pèlerin du côté d'Auch, qui entendait leurs discours, m'avertit qu'on voulait me tromper pour m'engager. Ensuite, ils me proposèrent de troquer mon chapeau contre un des leurs ; je ne voulus point le mesurer, ni leur prêter le mien. Alors, je dis à mes camarades de partir de suite, tandis que les soldats iraient dîner.

Nous partîmes à travers la neige jusqu'aux genoux ; mais elle diminuait à mesure que nous sortions de la montagne ; nous passâmes à la plaine de Roncevaux où furent tués les douze pairs de France. On voit encore dans l'hôpital dudit lieu les éperons et le sabre de Roland ; on voit au milieu de cette plaine, où se donna la bataille, une croix d'environ quinze pieds de haut, toute de fer, de cinq pouces

---

(1) Roncevaux, en Haute-Navarre, à 30 kilomètres environ de St-Jean-Pied-de-Port, jadis l'un des quatre grands hôpitaux du monde chrétien. Voir notre Étude sur Roncevaux, Pau, Ribaut, 1889.

en carré (1). Elle est sous un pavillon soutenu de quatre piliers de fer et le toit est aussi de feuilles de fer, le tout solidement bâti. Nous fîmes des prières devant cette croix pour les chrétiens qui avaient été tués dans ce lieu mémorable.

Cette marche forcée, mêlée de froid et de sueur, me fit du mal; elle me causa une hémorragie de sang par le nez et par la bouche. La pluie, tous les jours, presque pendant un mois, sur le corps, et toujours pieds-nus, m'accablait. J'étais obligé de m'arrêter pour laisser couler le sang, ce qui dura quinze jours. Alors, je fis rencontre d'un pèlerin italien qui, me voyant saigner le nez, me dit que mon sac causait cette hémorragie. Il m'arrangea mon sac avec des brassières à pouvoir le mettre sur le dos sans passer la lisière devant la poitrine; alors, le sang cessa et je fus plus libre pour marcher. Néanmoins, j'étais fort faible: à peine pouvais-je me soutenir. La pluie d'un côté, la misère et la famine de l'autre, tout m'accablait. Mes camarades s'ennuyaient de moi et craignaient que je ne mourusse en chemin; ils souffraient des pieds et moi je ne souffrais point.

Un soir, étant en Castille-Neuve, nous ne trouvions point à nous loger, et nous étions trempés de la pluie jusqu'à la peau. Nous fûmes obligés de nous réduire à coucher dans une barraque, remplie d'eau et de fange, en donnant trois sols chacun, pour avoir une claie, pour la mettre sur la fange et y coucher dessus. Je frissonne en écrivant ceci en me rappelant le froid que je souffris cette nuit.

Une autre fois, nous nous égarâmes dans un bois d'oliviers et fûmes obligés de coucher sous un olivier, et cette nuit il fit une grande gelée; nous nous mettions les uns sur les autres pour chasser le froid. Le matin, nous étions gelés. Il était près de dix heures que je n'avais encore pu ouvrir la bouche pour parler, et quand je pus l'ouvrir, il me sembla que toutes mes dents allaient tomber. Comme j'étais faible, le froid m'avait surpris plus qu'aux autres. Je me rappelai pour lors le lit que j'avais laissé chez mon père, et faisant en même temps réflexion à ma vocation, je dis qu'il fallait souffrir pour arriver au but où il me semblait que Dieu m'appelait, et que ces souffrances n'étaient que pour m'éprouver davantage et pour les fautes de ma jeunesse.

Etant arrivés à Viane, j'étais fort faible à cause du sang que j'avais perdu, et par la misère que je souffrais; ne pouvant marcher que

(1) Depuis lors, cette croix a disparu.

lentement, mes camarades se dégoûtaient de m'attendre ; dans cette petite villette, nous nous répartîmes chacun un quartier pour demander l'aumône ; je tins la grande rue pour les attendre hors de la ville : je les attendis jusqu'à la nuit, personne ne parut. Je couchai dans ce lieu et le lendemain je partis seul et j'appris qu'ils avaient pris une autre route à travers les montagnes ; ils m'abandonnèrent. Je continuai ma route vers Compostelle ; je marchai sans m'arrêter beaucoup, et arrivai à Compostelle (1) un jour avant eux, de sorte que j'étais confessé et communié lorsqu'ils arrivèrent. Ils étaient tous malades, et alors j'étais assez bien. Gomer et Laplace se mirent à l'hôpital ; j'attendis Pétrique qui se retira deux jours après avec moi, parce qu'on ne laissait les pèlerins que trois jours pour coucher à l'hôpital.

Je m'étais appliqué à parler l'espagnol en chemin ; je parlai le castillan très bien, de sorte que le secrétaire de la cathédrale ne voulut point me donner de passe-port comme Français ; il prétendait que j'étais espagnol ; j'eus recours à mon confesseur pour me le faire expédier.

Après deux jours de marche, nous fûmes tous deux attaqués de la fièvre et elle revenait tous les jours à la même heure ; nous ne pouvions point marcher ; cependant nous arrivâmes à Siheiro, petit port de mer ; nous entrâmes dans l'hôpital qui est misérable. L'hospitalière me dit si je voulais souffrir un remède pour guérir la fièvre ; j'y consentis par le désir que j'avais d'arriver à Léon pour y fixer ma demeure pour étudier.

Elle alla chercher une grosse poignée d'orties, puis elle me tira la chemise et me coucha ventre à terre sur le lit et me fustigea les reins à merveille avec les orties ; je souffris comme un malheureux ; ensuite elle me remit la chemise et me couvrit des couvertures, si bien que je suai neuf ou dix chemises d'eau, depuis le matin à six ou sept heures, jusqu'à trois heures après midi ; alors elle fit cesser la sueur en ne me couvrant pas autant ; le lendemain, la fièvre manqua, je n'en eus plus. Mon camarade ayant vu ma souffrance ne voulut point être fustigé avec des orties ; il aima mieux souffrir la fièvre. Je me promenai dans le bourg pendant trois jours pour amasser du pain ; après, on me pria de passer mon chemin ; je fus obligé d'abandonner mon camarade ; je fis quelques jours de marche, mais avant

---

(1) V. sur ce sujet l'excellente étude de M. A. Lavergne : *Les chemins de St-Jacques en Gascogne.* Rev. de Gasc. 1887.

d'arriver à Léon, je retombai malade d'une inflammation ; étant arrivé à Léon, j'entrai à l'hôpital royal St-Antoine, où je demeurai un mois, où je fus saigné et purgé plusieurs fois ; j'étais si faible et si échauffé en entrant, que je ne pus prendre un lavement que je demandai avec instance, mais les purgations produisirent leur effet pendant trois ou quatre jours. Je croyais mourir de cette maladie. Il y avait d'ailleurs une espèce d'épidémie dans l'hôpital, dont il mourait dix et douze personnes par jour.

La crainte augmentait mon mal ; le médecin s'en aperçut ; il me questionna sur mon pays et mon voyage ; je lui dis mon dessein. Il me dit que le pays n'était pas propre pour m'y fixer à cause de mon petit tempérament ; il me conseilla de revenir en France ou de m'arrêter à Jaca, où l'air serait plus analogue à ma santé. Je suivis son conseil et me retirai.

Ce qui m'engagea à sortir de l'hôpital, fut de voir trois autres camarades morts à mes côtés et un vis-à-vis de mon lit ; je devais passer la nuit suivante entre ces trois morts ; la terreur me saisit ; je craignais de mourir cette nuit, je voulais plutôt mourir dehors qu'à l'hôpital. Après midi, je m'efforçai à me lever jusqu'à la fenêtre, mon cœur souffrit en respirant l'air ; alors je priai le majordome de me porter mes hardes ; il ne voulait point le faire, il me dit que je mourrais, si je sortais ; je le pressai, il me les porta, je m'habillai. Ensuite je sortis me soutenant avec mon bâton, je remerciai le majordome des services qu'il m'avait rendus ; il me donna un pain de trois livres et remplit ma gourde de vin.

L'hôpital est hors de la ville : je fus obligé de m'asseoir plus de cinquante fois en traversant cette ville, je parvins avec le temps au bourg qui est au bout du pont, qui est à peu près comme Clarac est au bout du pont de Nay ; je fus logé, le soir, chez un paysan, dans une grange, je dormis à la paille sèche jusqu'à dix heures du matin ; alors je me levai et je partis. Ce jour, je fis une demi-lieue de chemin en m'asseyant de temps en temps, néanmoins les forces me revenaient chaque jour, je ne couchais plus dedans, je couchais dans les champs, sur les gerbes de blé, pour éviter les poux et les punaises dont j'avais bonne provision avant d'entrer à l'hôpital. Chaque jour, je doublais presque ma marche ; étant seul, je ne perdais pas un moment ; sur la fin, je faisais dix lieues par jour. Etant arrivé sur les limites de la Haute-Navarre, je m'arrêtai sur une montagne, pendant deux heures, pour respirer l'air de France qui me rendit les forces, m'ouvrit le cœur, de sorte qu'il me sembla que tout mon mal me quitta dans ce moment.

Je ne m'arrêtais que pour demander du pain pour vivre ; j'arrivai à Roncevaux avec plaisir, il n'y avait plus de soldats, je séjournai deux jours à l'hôpital pour me reposer ; le deuxième jour, je partis après dîner. On donne trois repas dans cet hôpital royal, demi livre de pain à déjeuner, une livre de pain à dîner, demi de viande et une pinte de vin et soupe, et on en donne autant pour souper. Je portai une livre de pain chez moi pour le faire goûter ; la livre de ce pain est vingt onces. Étant enfin arrivé au premier village de France (1) au pied du port (2), il y a un ruisseau avec un pont qui sépare les deux royaumes de France et d'Espagne. Je fis une croix avec mon bâton et promis de n'y plus revenir pour aller à St-Jacques (3). Alors, je fus content, me voyant hors de la misère espagnole ; je traversai la Navarre, vers Navarrenx et Oloron, et étant arrivé aux fontaines de Buzy, je m'assis sous un arbre et me dépouillai de mes habits pour les nettoyer ; j'en fis sortir la vermine des poux, pour ne point porter chez mon père de ces reliques d'Espagne (4).

J'arrivai chez mon père au commencement d'août ; en arrivant, je trouvai ma sœur au ruisseau du Luy, près du village ; je la saluai, et elle m'embrassa, c'était vers les trois heures après-midi ; elle prit mon havre-sac qui ne pesait pas beaucoup, parce que j'avais vendu mes chemises pour vivre ; je trouvai mon père et ma mère accablés de chagrin sur mon compte, parce qu'on leur avait dit que j'étais mort, et, dans ce moment, ils s'entretenaient de moi Je les embrassai en pleurant, ils versèrent aussi des larmes ; je craignais leur colère, je me mis à genoux et leur demandai pardon de mes incartades, et les priai de me donner leur bénédiction ; ils me la donnèrent en pleurant de joie et de contentement. Ils ne tuèrent point le veau gras parce qu'ils n'en avaient pas, ni l'agneau gras, parce qu'ils n'en avaient pas ; ils n'appelèrent point les parents et les voisins (5) ; mais ceux-ci vinrent d'eux-mêmes pour me voir et me féliciter de mon retour dans ma famille. »

(1) Arnéguy, séparé de Valcarlos par un pont.
(2) Le mot port a ici, comme plus haut, p. 26, le sens de passage des montagnes.
(3) On dit encore « faire la croix », pour signifier qu'on renonce à un projet, etc.
(4) Les « reliques d'Espagne » voilà une expression peu vulgaire et heureuse, une vraie trouvaille.
(5) Allusions à la parole de l'Enfant prodigue.

Hôpitaux du Pays Basque par Cantons

I

CANTONS DE BAYONNE (N. E. et N. O.)

Saint-Esprit : 1° L'hôpital Saint Jean : Il fut établi avec église et hôpital au faubourg de *Cap dou Pont* (St-Esprit) à l'époque même de la fondation de l'Ordre, c'est-à-dire au commencement du XII e s e. (Balasque t. I p. 223) *Domus quam fratres Hospitalarii Hieroso-tomitani habent in capitis ponte Baionne* (charte des Carmes de Bayonne. — L'hospitau de Mossenhon Sent Johan dou Cap du Pont de Baionne 1456 (charte de l'abbaye de Ste-Claire de Bayonne).

Ces religieux s'établissaient de préférence au bord des fleuves, non loin des ponts. L'Ordre se composait de trois sortes de religieux : de *chevaliers* armés, avec un costume particulier ; de *prêtres*, qui, indépendamment des fonctions sacerdotales soit à l'église, soit au chevet des malades, allaient, à tour de rôle, faire le service d'aumô-niers en temps de guerre ; de *frères* pour le service des malades et de pèlerins ; et enfin de *sœurs* hospitalières. Les uns et les autres fai-saient vœu de chasteté, de pauvreté et d'obéissance. (Balasque t. I. p. 274, 332) (1).

La maison de Saint-Jean *dou cap dou Pont* n'avait que des prê-tres, des frères et des femmes hospitalières. Les dons des particuliers y affluaient. Elle fut l'objet des générosités testamentaires de Domi-nique de Mans, évêque de Bayonne (1301). Son église, dont les ruines ont disparu en 1845, donnait en face de la grille du chemin de fer. Elle embrassait avec ses dépendances tout le mamelon connu sous le nom de Fort. Le maître-autel de son église dédié à « Mossen Sent Johan » fut témoin de bien de serments au moyen-âge. L'hôpi-tal dura jusqu'au XVIII e s e. Les visites pastorales de cette époque mentionnent une « chapelle dédiée à Saint Jean, qui appartenait aux Messieurs de Malte... et l'hôpital des pèlerins dont l'aumônier est M. Dolhaberriague, chanoine de Saint-Esprit. Les revenus de l'Ordre, pour nos contrées, en 1752, s'élevaient à la somme de 2,256 livres.

(1) Dubarat. *Études d'histoire locale*, 1889 t. I. p. 25.

2° *L'hôpital de Saint-Esprit.* L'ordre hospitalier de Saint-Esprit mentionné pour la première fois dans un acte de 1213, passé entre le roi de Navarre et la paroisse d'Urt, eut une maison avec hôpital au cap dou Pont de Bayonne dès la première partie du XIII° s°. Le cartulaire de Bayonne (f° 52 et 54) la cite en 1258 sous le nom de *l'espitau de Sent-Esprit.* M. Balasque croit que cette maison doit remonter à la même époque (1217) que la maison de même ordre et nom, établie aux portes de Dax (1). Quoi qu'il en soit, un prieur s'occupait de l'administration, six chapelains des offices divins, des frères et des sœurs (sorores) des pauvres.

La nouvelle maison s'établit à côté des hospitaliers de Saint-Jean. Elle donna son nom au faubourg dou cap dou Pont. Louis XI la transforma en une riche et puissante collégiale trois siècles après sa première fondation. Antérieurement à ces faveurs royales, l'hôpital de Saint-Esprit avait des revenus assez considérables, sans compter les dîmes d'Ordesson, à Ternos, à Saubrigues, Orx et Sainte-Marie de Gosse (2). Les couvents-hôpitaux de Saint-Jean et du Saint-Esprit eurent plusieurs affaires temporelles et démêlés avec le chapitre et la ville de Bayonne.

3° *L'hôpital de Saint-Sauveur* : tout ce que nous savons de ce troisième hôpital dou cap dou Pont, c'est qu'il était établi au centre du bourg et qu'il avait son importance.

Bayonne : 1° Cette ville possédait plusieurs maisons religieuses. c'étaient pour les hommes : celles des Jacobins ou frères prêcheurs (1205) ; — des Cordeliers (1358) ; — des Carmes (1261) ; — des Augustins (1261) ; — des Capucins (1615) ; — des Jésuites (commencement d'établissement vers 1656).

Pour les femmes : celles des Bénédictines ou sœurs de Saint-Bernard, *Sanctus Bernardus Baionœ* (1312) et par conséquent de l'ordre de Cîteaux (abbaye) ; — des Dames de Sainte-Claire ou Clarisses (milieu du XII° s°) ; — des Dames de la Visitation (1610) ; — des Dames Ursulines de l'ordre de Saint-Augustin (1681) ; — des Dames de l'Union chrétienne ou de la Foi (1685). Les archives départementales renferment un riche et volumineux fonds sur quelques-unes de ces maisons où le pèlerin trouvait un gîte.

(1) T. II. p. 179.
(2) Poydenot. *Récits et légendes* t. I. p. 181 ; t. II. p. 101.

4° *L'abbaye de Roncevaux*, ainsi que nous l'avons dit plus haut, possédait à Bayonne une commanderie-hôpital pour recevoir les pèlerins.

5° *Le grand hôpital de Saint-Nicolas*. Cet établissement (Hospitale et oratorium extra muros civitatis Baionensis) était hors les murs de la ville, au quartier Saint-Léon. Il était la propriété de la cathédrale ; il est mentionné dans la bulle de Célestin III (5 novembre 1191), avec les hôpitaux de Saint-Esprit, etc. ; il partagea les legs faits par Dominique de Maux, évêque de Bayonne (1 avril 1303) ; 1303 — par le Vicomte Arnaud-Raymond, vicomte de Tartas (1302) (1) ; par le cardinal Gaudin, cet insigne bienfaiteur de la cathédrale, des Jacobins de Bayonne, etc. etc. (25 décembre 1330).

L'Hôpital de Saint-Nicolas, le plus riche et le plus considérable de Bayonne, est mentionné dans un acte du 24 janvier 1383 dans lequel interviennent Martin de Saint Arder, prieur de l'hôpital, Brocas, prêtre du couvent, Puyane, religieuse et Marie Basats, abbesse de Saint-Cloud. (2)

Durant l'épiscopat de M⁙ d'Olce, évêque de Bayonne, il fut transféré dans la maison Dagoret. C'est à l'instigation du même prélat que le nouvel hospice fut établi sous l'invocation de Saint-Léon, et que ses administrateurs furent autorisés par la ville de Bayonne à construire, à leurs frais, une chapelle dédiée à saint Léon, sur l'emplacement même du martyre de ce saint, derrière la fontaine miraculeuse (3). Le pieux évêque décédé à Ossès, et après lui, M⁙ de Vieuville, avantagèrent cet hôpital, le premier par son testament de 1681, et le second par ses dispositions testamentaires du 1 avril 1733. Une note du registre N 6 (p. 21) de M. Duvoisin donne à cet établissement aux derniers temps un revenu annuel de 10,000 l., tandis que Lespés de Hureaux ne lui donne que 6,000 l. en dehors des charités particulières. (4)

6° *Hôpital Sainte-Quitterie* : Cet établissement réservé aux femmes était au quartier Saint-Léon (5). M. Poydenot dit qu'en 1199

(1) M. l'abbé Foix, p. 15.

(2) Balasque, t. III p. 591.

(3) Poydenot, p. 562-3.

(4) Ibid. p. 620-1. — Mgr Druillet lui laissa aussi ses biens.

(5) Balasque, t. II p. 219.

Bernadou de Lahet et son épouse achetèrent l'hôpital de Sainte-Quitterie qui avait été établi pour les lépreux au quartier de Saint-Léon.

7° *Hôpital des lépreux :* Dominique de Manx, évêque de Bayonne, le mentionne et le dote dans son testament du 4 avril 1303. L'établissement était situé dans la banlieue de Saint-Léon où des frères hospitaliers de Saint-Lazare recevaient des *Crestiaas* ou Agots pour leur donner des soins. Les Crestiaas, appelés aussi Agots, que l'on trouve dans les deux versants des Pyrénées, objet de la terreur et plus tard du mépris des populations étaient, croyons-nous, des descendants des malheureux soldats revenus des croisades avec la lèpre, horrible maladie que le moyen-âge réputait héréditaire, incurable et contagieuse. Les *Fors et coutumes* du Pays Basque, les traditions de nos églises, où ils avaient à part leur porte d'entrée, leur bénitier, etc., nous révèlent les précautions que nos populations prenaient contre eux. A ces malheureux, vinrent se joindre d'autres bandes expulsées d'Espagne, Portugal, d'Egypte, etc. De là les noms de *Gitanos, Bohémiens, Cascagots,* que de nos jours encore on leur donne, sans vouloir s'allier avec eux.

Voici, à propos du passage des pèlerins dans nos contrées, l'extrait du *Voyage de Georges Martin, prêtre rouennais et musicien ambulant* (publié à Lyon chez A. Robert, en 1680). Après avoir parlé de Dax, de Bayonne et de son fondateur St Léon, il ajoute :

« De là, l'envie me prit de voir les deux plus beaux bourgs de l'Europe, sçavoir *S.-Jean-de-Luz* et *Siboure,* habités par les *Basques,* gens des plus civils, charitables et courtois du monde.

« Ils sont pescheurs la plus part et marchands très riches; ils vont à la My-Carême en *Terre neufve,* à la pesche des Harens, Molües, Anchoix et Saulmons; lesquels, auparavant leur embarquement, font célébrer un nombre presque infiny de messes (1), toutes de *Requiem,* pour les ames du Purgatoire, donnant à chaque célébrant 20 sols et un sol marqué, pour avoir aidé à chanter une haute messe, de sorte que vous pouvez gagner facilement trente solz par jour. J'ay remarqué que lorsqu'un prédicateur fait la prédication en langue

(1) C'est usage persiste dans la plupart des ports normands, où chaque bateau fait célébrer chaque mois une messe durant tout le temps de la pêche, plus une messe dite de *départ;* l'honoraire est pris sur la masse. En outre de l'honoraire habituel, à Saint-Valery-en-Coux, le prêtre, qui dit la messe, a droit à une part du poisson comme les matelots ou les mousses.

Basque, il a pour rétribution, de la confrérie de *S. Laurens* et de *S. Estienne,* 4 ou 5 écus; on pourroit dire icy avec vérité que ces deux gros bourgs seroient le Paradis des prêtres mercenaires (1), car l'argent est là commun comme l'eau de la fontaine: allons donc tous ensemble, puis qu'il y fait bon; pour moy je vous donne ma part, puisque David m'enseigne: *Que les hommes riches ont dormy leur sommeil, et n'ont rien trouvé dans leurs mains;* et puis, si j'étois riche, je voudrois à la fin me faire adorer comme *Anthiocus* et *Nabuchodonosor,* comme un Tout-Puissant sur terre. Dieu m'en garde d'en avoir la pensée! *Absit mihi gloriari, nisi in cruce Domini nostri Jesu Christi.*

« De plus ces deux bourgs sont partagez par une rivière et un bras de mer, qui incommode fort, par son flux rapide, le monastère des *Urselines,* qui avance dans la mer: il y a un long pont, partie de bois, partie de pierre: au milieu, dans une petite isle, un joli convent de *Recollets.* Voyageurs, n'oubliez pas de mettre icy la main à la bource, personne n'en est exempt, pas même les bestes, qui ne refusent pas de rendre ce tribut à César qui appartient à César, et au Tout-Puissant qui appartient au Tout-Puissant.

« *Reddite ergo quæ sunt Cesaris Cesari, et quæ sunt Dei Deo.*

« Au pied des *Pyrénées,* je vis, sur la tête de la plus haute montagne (2), un hermitage qui est moitié baty sur la France et moitié sur l'Espagne, que j'estimois davantage pour sa curiosité que toutes les solitudes,

BEATÆ MARIÆ (3)

« *De la* SAINTE VIERGE, *ceste Reine si vénérable,*
Dont le nom sacré est incomparable.

« De la S. Vierge qui se voient autour de *Bethléem,* de sorte que ce prêtre Anglois qui y demeure, peut être dans sa cellule dans la *France* et dans l'*Espagne;* il y a bien des faux monnoyeurs dans ces montagnes là, qui ne s'amusent pas à faire des images de la S. *Vierge,* mais bien à fabriquer des médailles pernicieuses du démon, père des faux monnoyeurs.

(1) Nous appelons l'attention de nos lecteurs sur tout ce passage. *Mercenaires,* mot ici opposé aux *bénéficiers* qui avaient un revenu assuré et ne vivaient pas au jour le jour d'un casuel incertain.

(2) Le Mont de la Rhune. V. les *Etudes* 1862, Février, p. 82.

(3) Tout ceci est bizarre et fort décousu. Il faut lier *ermitage* à *B. Mariæ,* ce qui signifie l'ermitage de *Notre-Dame.* Il faut lire sans doute : « que toutes les solitudes de la Ste-Vierge qui se voient autour de Bethléem »

« *S.-Jean-de-Luz* fut l'église où se fit l'auguste cérémonie du mariage de *Louis XIV, dit le Grand et le Conquérant*, représenté par Son Eminence *Jules Mazarin.*

« De l'*Isle de la Conférence*, je passé *Endaye*, dernière place de France, séparée de *Fontarable*, première forteresse d'Espagne, par une rivière qui tombe des Monts Pyrénées, appelée *Bidasso*, très profonde et poissonneuse ; on la passe dans un bateau. N'oubliez pas de mettre encore la main à la bourse, car *Sine ipso factum est nihil....* » (Pag. 129-136).

Le prêtre musicien ambulant, Georges Martin, poursuit sa route et passe en Espagne. Il traverse *Irun, Renteria, Passage*, et compare le cidre de Biscaye à celui de la Normandie, auquel il n'est pas inférieur ; mais il eût préféré du vin de *Condieu*, de *Chablis* ou de *La Ciotat*. Alors « patience ! j'aurais fait quelquefois ruby sur l'ongue ». Il voit harponner une baleine énorme à Bilbao. Les matelots en firent quantité d'huile « excellente à brusler à la lampe de la S. Vierge ». A S. Sébastien, il apprend qu'un prêtre espagnol, enrichi par 40 années de navigation, vient de mourir instituant pour légataire universelle la Très-Sainte-Vierge, en demandant que 70,000 messes de *Requiem* fussent célébrées pour les « Fidelles Trépassez. »

Ce qu'il lui advint de drôles et risibles aventures, à ce pauvre Martin, est incroyable. Près de Pampelune, il rencontre dans les bois un de ses ennemis avec un autre compagnon. « O ! que si tu étais tout seul, comme je te ferois boire dans la rivière, » pense-t-il. Au mont *S. Adrian*, il est reçu par les bons ermites de S. Augustin (1). Il faut raconter sa dernière aventure aux environs de Valladolid :

« Ce fut, dit-il, la feste *Ste-Cécile*, bon jour, bonne œuvre, (sans doute, comme organiste, ils vouloient me donner mon bouquet) à six heures du soir, proche d'un village désert et ruiné, appelé *Salra-Tierra*, distant de la petite ville de *Bailladolid* d'une heure de chemin, [lieu] très mal nommé, disois-je ; au lieu d'y trouver mon salut, j'y ai rencontré ma perte. Je fus premièrement dépouillé tout nud par un homme de mauvaise mine, qu'on appeloit *Ferdinandi Ferdinando*. Pour les autres...... ils étaient très expérimentez et sans miséricorde. L'un me prit 30 demy louis d'or, qui étaient renfermez dans un gros bouton couvert de fil noir qui fermoit mon

(1) Georges Martin laisse partout percer une grande prédilection pour les religieux Augustins. Son parrain, qui était aussi très probablement son parent, appartenait à cet Ordre.

haut de chausse. Un autre trouva 12 louys d'or cousus partie dans mes bas, et partie ensevelis entre les deux semelles de mes souliers, qu'ils coupèrent en pièces ; il me fallut cheminer, sans toutes fois rien mériter pour le Ciel, comme les Apôtres, nuds pieds, en jurant blasphémant et récriant contre eux. Un troisième prit pour sa part ma montre à boête d'argent et me demandoit si elle étoit *del plata*, c'est-à-dire d'argent : je lui répondis bien modestement que, s'il me la vouloit rendre, elle en seroit d'or pour moi... Il y en eut un quatrième à qui le démon inspira de me demander en latin (vous voyez bien que c'étoient des honnêtes gens, car ils parlaient latin !) à cause que je ne savois pas l'espagnol : *Domine, habesne aurum in ventre tuo* (1) ? Leur ayant dit que je n'en avois pas avallé, avec toute sorte de civilité me laissèrent aller, ainsi dégraissé, dire *Grâce* et *Benedicite* en France.

« Cela est trop véritable : car tout cela m'arriva pour n'avoir pas voulu croire Messieurs du *Haguet*, pasteur de St-Jean-de-Luz (2), et celui de Sibourre, qui m'avoient dit, en prenant congé d'eux, de ne pas porter d'argent sur moy que de peu, et de prendre une lettre de change sur Madrid ; je fis comme le bonnetier, je n'en fis qu'à ma tête » (3).

Le voilà donc obligé de renoncer au pélerinage de St-Jacques-de-Compostelle, mendiant le gite et le couvert chez les bons Pères Capucins, qui lui faisaient baiser la terre avant que de boire, en prononçant ces paroles : *Ad primum morsum, nisi polarero, mors sum*, c'est-à-dire « A la première morsure, si je ne bois, ma mort est sûre ». Il rentra enfin à Fontarabie, à peine vêtu d'une robe « faite de tant de pièces qu'elle valut, à n'en point mentir, toutes les broderies, les dentelles, les rubans de nos jeunes demoiselles. » De Fontarabie, Georges Martin passe par Hendaye pour revenir à St-Jean-de-Luz : « M'approchant toujours à pas de tortue, dit-il, *festina lente*, du lieu où j'étois connu, faisant le chien couchant. Il ne faut pas demander si je fus raillé et moqué. *In me psallebant qui bibebant vinum*, ce qui me sembloit bien dur à supporter, car la faim extrême que j'endurois me donnoit bien à qui penser ; pour lors, il y eust bien r'y (4), lorsque l'on me vit en l'équipage peu

---

(1) *Avez-vous de l'or dans votre ventre ?*
(2) Les *Haguet*, nom bien connu dans le diocèse de Bayonne.
(3) Pages 164-167.
(4) *On rit beaucoup*

désiré de l'*Enfant Prodigue* ; mes cheveux étaient souillés de poussière et tous hérissez, j'avois le visage comme du papier marbré, les yeux enfoncez en chat-huant ; les misères que je souffrois depuis mon dévalisement m'avoient déjà réduit en ce funeste état ; ce nous renseigne qu'il faut toujours suivre le bon conseil de ses amis : *Interroga majores tuos et dicent tibi* : Un vieil Etendard à l'armée, un vieil Pilote à la mer et un vieil Médecin dans les conférences, valent mieux que toutes les raisons que nous pourions apporter pour nous en dispenser témérairement : *Plus vident oculi quam oculus*.

« Ce bon Pasteur céleste, qui me l'avoit ôté avec justice, me redonna en peu de tems de quoy satisfaire à mes créanciers, car la maison de cet illustre et charitable pasteur de *St-Jean-de-Luz* et de *Ciboure* ne me fut pas fermée, faveur que j'estimois plus que celle que ce jeune libertin reçut de ce Père vénérable. »

8° *Hospitalité chez les particuliers.* Les pèlerins trouvaient une hospitalité accueillante non seulement dans les établissements religieux et hospitaliers de St-Esprit-Bayonne, mais encore chez les particuliers ; « les gites étaient nombreux et la foi vive ». Les maisons spécialement ouvertes aux pieux voyageurs portaient pour enseigne une coquille sur la façade et étaient surmontées de cette inscription : « *Casas de la Concha.* »

« *La grande chanson des Pèlerins de Saint-Jacques* » consacre un quatrième couplet aux Landes en ces termes :

> Bien étonnés
> Nous avions de l'eau jusqu'à mi-jambes
> De tous côtés.
> Compagnons, nous faut cheminer
> En grandes journées
> Pour nous tirer de ce pays
> De si grandes rosées.

Le cinquième couplet continue ainsi sur Bayonne :

> Quand nous fûmes à Bayonne
> Loing du pays
> Changer nous fallut nos couronnes
> Et fleurs de lys.
> C'est pour passer le pays
> De la Biscaye.

Enfin, son sixième couplet nous apprend qu'il y avait, comme aujourd'hui, un *cambio de monedas*.

Changer nous fallut nos gros blancs
Quand nous fûmes dans Bayonne,
Nos quarts d'écu qu'on nomme francs,
Avec notre monnoie en somme
Semblablement notre couronne.
C'est pour la Biscaye passer,
Où il y a d'étrange monde :
On ne les entend pas parler.

Lahonce : Ancienne abbaye d'abord des Bénédictins, puis des Prémontrés, remontant au xie s^e, car Bertrand, vicomte de Bayonne, à qui on attribue sa fondation, ne l'avait fait que restaurer en 1164 (Conventus Foncie 1392 (charte du chapitre de Bayonne. — Nostra Domina de la Honce 1693 (collections du diocèse de Bayonne). Nous comprenons ce monastère parmi les hôpitaux du pays. N'est-ce pas de règle chez les Bénédictins et chez les Prémontrés d'avoir un hôpital ou refuge pour les pauvres passants, par conséquent pour les pèlerins? L'abbaye de Lahonce bénéficia des dispositions testamentaires de Dominique de Manx, évêque de Bayonne, et de celles d'Arnaud-Raymond, vicomte de Tartas (31 mars 1312) (1).

Elle fut visitée par divers personnages et entre autres par Charles IX qui, avec sa cour, y dîna le 3 juin 1564 ; elle possédait une justice seigneuriale, les cures de Mouguerre, de la Madeleine et d'Ispoure réunies près Saint-Jean-Pied-de-Port et enfin la *Grange* d'Orthecole (Otchocol) à Urt. Cette grange fut fondée par Roger de Gramont, grand serviteur de la Sainte Vierge, qui, se réservant le droit patronal d'y nommer un religieux, la donna à l'abbaye de La Honce. La grange, détruite aujourd'hui, a été remplacée par une petite chapelle but de pèlerinage encore en certains jours de fête.

II

CANTON DE SAINT-JEAN-DE-LUZ

Saint-Jean-de-Luz : Santus Johannes de Luis mentionné dans le cartulaire de Bayonne (f° 32) avait un couvent des Récollet inauguré en 1613 par Mgr d'Echaux, évêque de Bayonne, et porté tantôt de St-Jean-de-Luz, tantôt de Ciboure, aujourd'hui reconnu de cette dernière ville. Elle possédait encore un couvent des Ursulines établi en 1630 et un ancien *hôpital*. M. Brutails, archiviste de la Gironde, donne un document du 13 janvier 1357, où il est relaté que dans

(1) M. l'abbé Foix, p. 16.

« l'hôpital de Saint-Jayme (St-Jacques) cerca Fontarabie como en Sent Johan de Luyx », eut lieu une montre (revue) des troupes partant pour la Normandie en 1357. Il s'agit ici de l'hôpital de Santiago de Zubernoa (la Bidassoa) et de l'ancien hôpital de Saint-Jean-de-Luz. Cet établissement était situé au nord-ouest de la ville près du chenal actuel, d'où son nom de couvent de la barre. Cédé aux Ursulines à leur arrivée, il fut envahi par la mer dans la nuit du 21 au 22 janvier 1745. L'hôpital actuel, converti aujourd'hui en hôpital civil, fut bâti en 1623 par Johanis Haraneder et Garcie Françoise de Chibau, son épouse. N'était même le document cité par M. Brutails, il est évident que la ville de Saint-Jean-de-Luz, traversée par tant de pèlerins, n'est pas restée sans un hôpital jusqu'à l'année 1623.

Le septième couplet de la *Grande chanson des Pèlerins* fait l'éloge de ses habitants en termes suivants :

Quand nous fûmes à Saint-Jean-de-Luz,
Les biens de Dieu en abondance ;
Car ce sont des gens de Dieu élus,
Des charités ont souvenance
Donnant aux pauvres chévance
Et de leurs biens en abondance,
Disant : Vous aurez souvenance
Dieu vous conduise à sauvement.

Ciboure : On nous permettra de reporter une partie des louanges du couplet précédent sur les habitants de Ciboure. N'avons-nous pas vu plus haut un pèlerin picard prendre — comme du reste de nos jours quelques étrangers — les deux villes sœurs pour une seule ? N'y trouve-t-on pas les mêmes élans de zèle et de charité pour les œuvres de Dieu ? Quoi qu'il en soit, Zubiburu (tête de pont), ancien démembrement de la paroisse d'Urrugne, avait son hôpital avec oratoire et un cimetière. Nous avons dit plus haut avec quelle solennité la fête de saint Bernard, entre autres, y était célébrée. L'hôpital était situé à l'extrémité de la rue Agorette, aujourd'hui Evariste Baignol, près la Croix dite Blanche, portant la date de 1616, qui pouvait être au cimetière du dit hôpital. Celui-ci fut démoli à la Révolution ; son emplacement et celui du cimetière sont indiqués par une petite pièce de terre dont jouit la commune.

Urrugne : Sanctus Vincentius de Urrnina, Villa Urrungia mentionné au xi° s° (livre d'or p. 8) avait aussi son hôpital situé un peu au-delà de l'église paroissiale, sur l'ancienne route d'Espagne. Son nom se conserve encore dans une maison. Les pélerins devaient faire des réflexions sérieuses à la vue — si pour lors elle existait — de cette inscription du cadran de l'église si connue même des étrangers : *Vulnerant omnes, ultima necat*, toutes (les heures) blessent, la dernière tue. Disons dans un sens plus chrétien : *Toutes nous rapprochent, la dernière nous unit* (1).

Serres : Villa quœ dicitur Asseres, mentionné vers 1140 (cart. de Bayonne p. 8) est une ancienne commune unie à Ascain en 1845. Son église, dédiée à S. Jacques (Sanctus Jacobus de Serres (coll. du diocèse de Bayonne) avait un cimetière et probablement un hôpital comme une étape naturelle des pélerins entre St-Pée et St-Jean-de-Luz (2).

Zubernoa : Zubernie xiiᵉ sᵉ (cart. de Bayonne p. 9). L'hôpital de Soubernoa 1581 (arch. de l'Empire F. 867 nᵒ 12) ; ancien hameau de l'antique paroisse d'Urrugne. Il devint un prieuré-paroisse à une époque qu'on ne peut préciser et dépendant de l'abbaye d'Arthous (Landes). Son origine paraît devoir remonter à un gentilhomme, G. de Zubernoa, conseiller intime de Bertrand, vicomte de Bayonne, 1137 à 1170, dont parle Jules Balasque (3).

La paroisse de Zubernoa, aujourd'hui partagée entre Hendaye et Béhobie, comptait, en 1766, 400 communiants (4). Son église dont il ne reste plus trace, fut démolie le 23 avril 1793, lors de l'invasion espagnole dirigée par le général Caro. Son emplacement et celui de son cimetière forme un champ où on voit une croix processionnelle, près de la maison prieuriale qui porte encore ce nom, et est propriété de la famille Durruty de Hendaye.

En 1645, Mᵍʳ d'Olce, évêque de Bayonne, donna le prieuré de

(1) Quelques pierres sculptées, représentant des scènes de notre sainte religion et incrustées à la porte latérale de l'église, ont fait conclure à tort à l'antiquité de l'édifice. Elles sont de l'ancienne église qui remontait au xiᵉ sᵉ. L'actuelle, retouchée et agrandie à diverses époques, n'est pas antérieure à la fin du xviᵉ sᵉ.

(2) Dans ce hameau, sur une planchette placée au frontispice de la maison *Etcheverri-Zokorre*, on lisait naguère encore ces mots :

NUL BIEN SANS MAL
NUL MAL SANS BIEN

(3) V. nos Rech. hist. t. I. p. 231.

(4) V. notre relevé de Procès-verbaux des visites pastorales.

(5) V. nos *Paroisses Basques*, t. II p. 40.

Zubernoa à René Pichon, chanoine de Bordeaux. C'est sans doute la statue de S. Jacques de cette église que l'on voit aujourd'hui au retable de celle de Hendaye.

Son antique hôpital sur les bords de la Bidassoa, aujourd'hui démoli, indiquait le port de ce nom, c'est-à-dire la dernière étape des pèlerins sur la terre de France. C'est dans cet hôpital qu'eut lieu en 1357 la montre ou revue dont nous avons parlé à l'article St-Jean-de-Luz. Cet établissement possédait l'île des Faisans appelée anciennement l'île de l'hôpital, divers moulins, nasses, les terres qui de la gare actuelle de Hendaye s'étendaient au territoire de Biriatou et celui d'Urrugne. En sortant de cet hôpital, les pèlerins traversaient la Bidassoa et arrivaient à Sainte-Marie de Huran (Irun) sur la terre d'Espagne. Voici leur complainte dans le 6e couplet de la grande chanson :

> Quand nous fûmes à Sainte-Marie
> Hélas, mon Dieu,
> Je regrettois la noble France
> De tout mon cœur,
> Et j'avais si grand désir
> D'être auprès d'elle,
> Aussi de tous mes grands amis
> Dont je suis en malaise.

Voici ce que nous apprend un autre couplet de la 6e chanson :

> Quand nous fûmes à Sainte-Marie
> Adieu la France jolie
> Et les nobles fleurs de lys,
> Car je m'en vais en Espagne.
> C'est un étrange pays.

III

CANTON D'ESPELETTE

Dans l'itinéraire de M. Camille Daux, Espelette est porté comme une étape des pèlerins ; ce qui indiquerait qu'il y avait un hôpital ou hôtellerie pour les pieux voyageurs. La situation topographique de cette paroisse sur le chemin d'Ainhoa... Urdach (Espagne) confirme cette opinion.

Ainhoa (Noster Dame d'Ainhoe (1515) (charte de l'abbaye de

Sainte-Claire de Bayonne. Vu la position de cette localité-frontière pour passer en Navarre, vu aussi le droit de présentation à la cure de cette paroisse par l'abbaye d'Urdach, nous croyons aussi qu'à Ainhoa il y avait un hôpital ou hôtellerie pour les pèlerins. De là ils allaient au monastère-hôpital d'Urdach (Espagne) fondé, d'après les historiens Marca et Pellicer, par Sanche-Mitarra. D'autres auteurs font remonter son origine jusqu'à l'année 430, époque où, disent-ils, il était servi par des chanoines réguliers, remplacés en 840 par les Bénédictins, relevés aussi successivement par les Augustins et les Prémontrés en 1210. Ce couvent est mentionné dans le testament de Dominique de Manx. L'abbé avait une juridiction épiscopale dans le village d'Urdach et, avons-nous dit, le droit de présentation à la cure d'Ainhoa. Nul doute que ce grand monastère n'eut un asile pour les pèlerins dans cette paroisse comme chez lui. L'ancienne chapelle de l'abbaye sert aujourd'hui d'église paroissiale, le reste offre le triste spectacle d'une maison au lendemain d'une révolution (1).

Cambo : Errecaldea, commanderie avec hôpital appartenant à l'évêque et au chapitre de Bayonne (Pouillé du diocèse).

Souraïde : C'était un ancien prieuré avec hôpital dédié à Saint-Jacques, sanctus Jacobus de Souraïde (Gostoro) 1693 (Coll. du diocèse.

Oxance : Hameau de Souraïde; Prioratus sanctæ Mariæ Magdalenæ. Ce prieuré avec oratoire et hôpital, élevé sur une ancienne construction romaine paraît remonter au xe siècle. Après avoir été une dépendance du prieuré de Souraïde, puis de cette paroisse, il a été démoli en 1793. — Des fouilles pratiquées assez récemment y ont fait découvrir des ossements humains que l'on croit être ceux des membres de l'antique prieuré et des pèlerins (2).

IV

CANTON DE HASPARREN

Hasparren : Tout le monde connaît l'inscription romaine que l'on voit encore dans la sacristie de l'église paroissiale (3). Cette localité

(1) V. nos *Rech. hist.* t. I. p. 98.
(2) V. nos *Rech. hist,* t. I, p. 497. — Bulletin du diocèse, an. 1893, p. 236.
(3) V. nos *Rech. hist.*, t. I, p. 95.

était près, sinon sur la route romaine de Bayonne à Saint-Jean-Pied-de-Port. Sa cure était à la présentation du commandeur de Bonloc dépendant lui-même du monastère de Roncevaux. Hasparren avait son hôpital. Une maison porte encore de nos jours le nom d'*Ospitalea* (1).

Bonloc : Ecclesia de Bono loco 1186 (cart. de Bayonne) était une commanderie avec oratoire et hôpital dépendant de l'abbaye de Roncevaux, ainsi que nous l'avons dit à l'article Bayonne. Voyez des détails sur cet établissement dans nos Recherches historiques (2) et dans les Etudes d'Histoire locale par M. l'abbé Dubarrat (3).

Meharin et Saint Esteben : M. C. Daux dans son itinéraire des pèlerins porte ces deux localités comme deux étapes de voyageurs de Saint Jacques (4). Mais il se trompe quand il donne comme suite d'étapes : « Urrugne, St Pée, Espelette, Saint Esteben, Meharin et Saint Palais. » Les chemins de raccourci qu'il faut établir sont : 1° St Palais, Garris, Meharin, St Esteben, Bonloc, etc. ; 2° Bidarray, Espelette, Souraïde, St Pée, Serres, St-Jean-de-Luz, etc.

V

CANTON D'USTARITZ

Ustaritz : Sanctus Vincentius d'Ustariz 1186 ; — Ustaritz 1191 (cartulaire de Bayonne f⁰ˢ 32 et 35) avait son hôpital en dehors de la ville, du côté de Larressore, où les pèlerins étaient hebergés. Une maison porte encore son nom.

La chapelle de Sainte Barbe, à Arruntz, quartier d'Ustaritz s'appelait il y a plus de six siècles *Sansanocoitz* (5). — Dans une transaction du 26 août 1573, il fut décidé que l'évêque et le chapitre de Bayonne auraient droit à la dîme depuis Samotzena (?), à Arruntz, jusqu'à Bayonne.

Larressore : Ancienne annexe de Cambo : il y avait un hôpital dont le nom se conserve encore dans la maison Ospitalea (6).

(1) V. nos *Rech. hist.*, t. I, p. 93.
(2) T. I, p. 152.
(3) Année 1889, p. 27.
(4) P. 291.
(5) Note de M. L. Hiriart, bibliot.-archiviste de Bayonne.
(6) V. nos *Rech. hist.*, t. I, p. 479.

Dans la même commune, hameau d'Andariette, il y avait le prieuré de ce nom xiii⁺ s⁺ (Charte des Carmes de Bayonne). Il consistait en deux modestes bâtisses, un oratoire et un hôpital. C'est là qu'au mois de novembre, en 1732, l'abbé Daguerre fondateur du petit séminaire de Larressore commença à réunir quelques jeunes gens.

Saint-Pée-sur-Nivelle : Sanctus Petrus d'Ibarron 1253 (cart. de Bayonne f⁰⁵ 18 et 57). — Saint-Pée-de-Labour 1690 (cart. de Cassini) est porté par M. C. Daux comme une étape de pèlerins : son hôpital était entre Souraïde et Serres d'un côté et de l'autre N. D. d'Oxance.

VI

CANTON D'IHOLDY

Asme : Au hameau de Harambeltz : Hospitale Sancti Nicolaï de Arambels quod est situm prope Ostavayll. Coll. Duchesne V. CXIV f⁰ 161 : — Harambels, 1462 (not. d'Oloron n. 4 f⁰ 10). Cette antique commanderie-hôpital, au hameau dit Harambeltz, non loin d'Ostabat, était situé sur la voie romaine et servi, pour les hommes, par des donats (donati) et pour les femmes, par des beates, benoites, élus par le prieur entre les mains duquel ils faisaient les trois vœux simples d'obéissance, de pauvreté et de chasteté viduelle. Pour plus amples détails, nous renvoyons le lecteur à nos *Recherches historiques* (1).

Vers 1039 Enneco Vicente, vicomte de Baïgorry, avec son épouse et son fils Garcia, dota cet hôpital d'une rente annuelle de morlans à prélever sur les terres d'Ostabarret (2).

Dans son testament du 31 mars 1312, Armand-Raymond, vicomte de Tartas, laissa au même hôpital et à celui de la Guarriague(?) à chacun 50 sols morlans. Le même prince donna par le même testament, à chacune des églises de Mixe et d'Ostabarret 30 sols morlans et à celle de sen Paul de sent Palay, 100 sols. La dame Gensac Lambert, mère du vicomte, ne s'était pas montrée moins généreuse que son fils (3). Pès de Laxague de son côté, par testament du 12 février 1392, favorisa les hôpitaux d'Utziat-d'Asme c'est-à-dire

(1) T. I, p. 92, — nos *Paroisses basques*, t. II, p. 539.
(2) J. Balasque, t. I, p. 65.
(3) Arch. dép. E. 225. — Nos *Paroisses basques*, t. II, p. 890-3.

de Harambels, les églises de ces localités et autres établissements hospitaliers.

L'hôpital de Harambels possédait une maison prieuriale avec plusieurs dépendances devenues, à la Révolution, des propriétés particulières. On ne voit aujourd'hui que quelques pans de murs de l'oratoire (1).

Irissarry : Ancienne commanderie de Malte avec hôpital. *Hospitale et Oratorium de Irizuri* 1186 (cart. de Bayonne f° 32). — Irissarri 1352 (coll. Duch. CXIV f° 186) ; — Ospital de Sent-Johan de Irissarri 1518 (ch. du chapitre de Bayonne). Cet établissement est mentionné dans la bulle de Célestin III. — Le 12 mai 1469, dans l'Assemblée provinciale de Malte à Olite (Espagne), fut dressé l'acte de fondation du couvent-hôpital de Saint-Jean dite du *crucifix*, de Puente la Reina près de Pampelune. A cette assemblée prirent part, frère Ménaut de Ruthie, commandeur d'Irissarry et frère Martin de la Lanne, commandeur d'Aphat-Ospital et de Lamilaiz (?) (Ann. de Navarre liv. 34). Le commandeur présentait aux cures d'Irissarry et de Jaxu, près de St-Jean-Pied-de-Port. L'ancien hôpital fut remplacé en 1606 par une immense bâtisse à trois ou quatre étages, à deux égouts, avec galeries ou machicoulis aux quatre angles, qui domine encore le bourg. Jusqu'à la Révolution, il possédait deux moulins et plusieurs domaines devenus depuis des propriétés particulières. Les archives départementales possèdent de riches documents sur cet établissement, dont plusieurs commandeurs furent des basques espagnols.

Ostabat : *Ostebad* 1167 (cart. de Sordes p. 15) : — Ostavayll, XIIe s° (coll. Duch. vol. CXIV f° 161) ; — Ausschat 1243 (rôles gascons) ; Sent Johan d'Ostabat 1469 (ch. du chap. de Bayonne) ; — Nostre Done de l'ospitau d'Ostabat 1518 (ibid.). Ancien prieuré hôpital très fréquenté durant tout le moyen-âge et même depuis ; est aujourd'hui réduit à un modeste village de 3 à 400 âmes. Nous avons déjà dit qu'il était situé sur la route romaine d'*Astorga ad Burdigaliam* et que c'était le lieu de jonction du 2°, 3° et 4° *chemin du codex des pèlerins* sans parler d'autres chemins romains de raccord, entre autres de celui qui venait de Mauléon par Ordiarp, St Just et Utziat.

(1) V. nos *Paroisses basques*, t. II, p. 297, 397. — Nos *Rech. hist.*, t. I, p. 90.

Les pélerins y trouvaient deux ou trois hôpitaux sans compter ceux du voisinage : ceux de Harambeltz et d'Utziat (1).

Hosta : Il y avait un hôpital ; on le trouve mentionné et doté dans le testament du 9 septembre 1472 d'Arnaud Guilhen, Sgr de Domezain (2).

Saint-Just : Sent Just deu pays d'Ostabarres 1477 (contrats d'Ohix f° 18) ; — Saint-Just 1513 (ch. de Pampelune), son église fut donnée à l'abbaye de Sordes en 1135 par Pierre Uhart et Loup d'Ainhice. On croit que les moines de Sordes furent les premiers fondateurs de la colonie de Saint-Just. M. Raymond dit qu'il finit par être servi par les Prémontrés, sans nous apprendre comment il passa entre leurs mains. Cet hôpital était des mieux situés pour les pélerins qui de Mauléon voulaient passer à ceux d'Utziat et de Harambeltz pour aller au port de Cise.

Utziat : A Cibits, annexe de Larceveau : Utziat 1227 (Gall. Christ. Instrum. Bayonne n. 5) ; — La Magdeleine de l'ospitau d'Utziat 1441. (not. de la Bastide Villefrance n. 1 f° 35). — C'était un ancien prieuré avec hôpital, dont le titulaire siégeait aux états de Navarre. Ainsi, parmi les prieurs de cet établissement, ainsi que parmi ceux de Harambeltz, nous trouvons des ecclésiastiques des premières familles de la Navarre.

En 1227, son prieur était Pierre de Gramont. Péré de Laxague, par son testament du 12 février 1392, légua une somme de 500 florins à cet hôpital. Supprimé par lettres patentes du mois de novembre de 1787, avec ses dépendances, il fut affecté à celui de Saint-Palais. Deux ans après, la maison prieuriale fut incendiée et aujourd'hui il ne reste que quelques pans de murs de l'oratoire qui disparaîtra bientôt (3).

VII

CANTON DE SAINT-PALAIS

Saint-Palais : Sant Pelay (cart. de 1350 d'Olite) ; — Fanum Sancti-Pelagii (géographie de France 1792), est un ancien prieuré. Son

(1) V. nos *Paroisses basques*, t. II, p. 382.
(2) V. nos *Paroisses basques*, t. II, p. 397.
(3) V. nos *Rech. hist.* t. I. p. 92-3 et nos *Paroisses basques*, t. II. p. 344.

hôpital placé sur la route romaine d'Astorga à Bordeaux eut au moyen-âge une grande importance. Le curé de la paroisse qui, le plus souvent, était vicaire général de l'évêque de Dax pour la partie basco-navarraise de son diocèse, en était le prieur, et avait droit d'entrée aux États de Navarre qu'il présidait dans quelques circonstances. — Sardace faisait partie de ses revenus.

A la suppression des hôpitaux d'Utziat et de Harambeltz en 1787, leurs biens furent affectés à cet hôpital dont l'oratoire ou chapelle était à côté du cimetière actuel (1).

La vicomtesse Gensac Lambert, vicomtesse de Tartas, par son testament du 3 mars 1286, et son fils Armand-Raymond, par ses dispositions de dernière volonté en date du 31 mars et du 6 avril 1362, dotèrent plusieurs établissements religieux et hospitaliers de nos pays. Dans le testament dudit vicomte, on lit : « Item (je laisse) à totes las eglisies de Mixe et de l'Hostabarés à las obras cade 30 sols morlans. — Item à la obre de *Sent Pau* de Sent Palay 100 morlans » (2). Nous y trouvons la preuve de l'existence de l'église Saint Paul à Saint Palais. Notre regretté ami M. l'abbé Larramendy, décédé curé de Garris, nous en avait parlé ainsi que d'une bulle d'un pape relatif à des questions de préséance dans une des églises de cette ville.

Mais l'histoire demande des documents sûrs : nous les trouvons dans le testament du vicomte de Tartas. A d'autres de chercher de nouvelles preuves et surtout ladite bulle, qui ne peut manquer d'intéresser la ville de Saint-Palais et même notre pays. Nous ignorons l'emplacement de l'église de Saint-Paul et l'époque de sa disparition.

Amorols-Zabala y Ospital 1708 (reg. de la commanderie d'Irissarry) : Il y avait dans cette localité un hôpital avec une chapelle ou oratoire à côté. Tout dépendait de la commanderie d'Irissarry.

Aroue : Aroa, 1385 (Arch. Duch. vol. CXIV. fᵒ 43) était une étape de pèlerins ; il avait son hôpital. Son église, retouchée de nos jours, remontait au xiᵉ ou xiiᵉ sᵗ. Lors de la restauration, on conserva une pierre que l'on voit au-dessus de la porte de la sacristie. On serait porté à y voir un souvenir de saint Jacques.

(1) V. nos *Paroisses basques*, t. II. p. 355.
(2) M. l'abbé Foix, *Anciens hôpitaux*, p. 1 et 7.

Garris : Carrassa des Romains (It. d'Antonin), mentionné au
XIIᵉ sᵉ. — Sanctus Felix de Garris, XIIIᵉ sᵉ. (Coll. Duch. vol. CXIV
fˢ 33 et 34). Il est difficile de croire que cette ancienne ville, placée
sur la voie romaine et si célèbre durant tout le moyen-âge et même
depuis, n'ait pas eu son hôpital pour les pèlerins. On y trouve encore
la maison *Pèlegrin*. Faut-il y voir le domicile de quelque pèlerin de
la localité ou un hôpital des pieux voyageurs de Saint-Jacques ? Au
tableau des chemins des pèlerins dressé par M. Adrien Lavergne,
Garris est porté comme un lieu d'étape de ces voyageurs.

Osserain : (A la limite du pays basque navarrais). Castrum de
Osaranho 1256 (ch. de Come E. 425) ; — Lo Sarauh XIIIᵉ sᵉ (fors du
Béarn). — L'un des chemins vicomtaux et des plus fréquentés du
Béarn au XIIIᵉ sᵉ commençait au Pont de la Faderne entre Argelos et
Sault-de-Navailles et arrivait à Osserain, « l'un deus camiis es deu
Pont de la Faderne entro au Serauh » c.-à-d. à Osserain. M. l'abbé Foix
croit qu'il faut attribuer la construction du Pont de la Faderne aux
frères pontifices (faiseurs de Ponts institués, vers 1170, par Bénézet,
berger du Vivarais (1). Quoiqu'il en soit, il y avait près du pont un
hôpital doté de 20 sols par Gaston de Béarn.

Le troisième chemin du *Codex* se confondait, ainsi que déjà nous
l'avons dit, avec le chemin vicomtal, traversait Sault-de-Navailles...
Ste Suzanne, Lanneplaa, Hôpital d'Orion, Orion, Andrein, Burgaronne, Sauveterre, *Osserain*.... Saint-Palais, etc. L'hôpital d'Osserain
était très fréquenté par les pèlerins. Aussi les libéralités affluaient-
elles en abondance.

Pagolle : Grangia de Pagola 1178; Pagolle XIIIᵉ sᵉ (coll. Duch.
CXIV fᵒ 17); — Notre Done de Pagole vers 1160. C'était un ancien
prieuré porté tantôt de la Navarre, tantôt de la Soule et desservi
par des Prémontrés (1).

Uhart-Mixe : Ufard, XIIᵉ sᵉ (cart. de Sordes, p. 23), cédée par ses
seigneurs, dont l'un, Bertrand d'Uhart, assista à la croisade à côté de
Saint-Louis et Thibaut II de Navarre, avait un hôpital pour les pèlerins. Aussi dans la carte de M. Adrien Lavergne figure-t-il comme
une étape de ces pieux voyageurs. Arone, Olhaiby, Uhart-Mixe for-
maient, croyons-nous, un chemin de raccourci aboutissant à Ostabat.

(1) Abbé Foix, p. 41.

VIII

CANTON DE SAINT-ETIENNE-DE-BAÏGORRY

Baïgorry : D'Oyhenart (1) donne un acte de Lop Eneco, vicomte de Baïgorry, qui vers 1060, fit une donation d'une rente annuelle de 100 sols morlaas à l'hôpital Saint Nicolas d'Harambeltz. Ce n'est point là le seul acte de générosité des membres de cette antique famille. Les documents nous font défaut, mais il est difficile qu'ils ne se soient pas préoccupés du sort des pèlerins dans leur pays. De plus, la paroisse de Baïgorry dépendit longtemps de l'abbaye de Roncevaux et il n'est pas possible que ce riche monastère, qui éleva partout des hôpitaux, ait laissé une de leurs paroisses voisines, et à la frontière espagnole, sans un asile pour les pauvres passants, surtout pour les pèlerins qui, de Saint-Jean-Pied-de-Port, allaient au port de la Bidassoa par Ossès, Bidarray, Espelette, Souraïde, St-Pée, Serres et St-Jean-de-Luz.

Bidarray : C'était une commanderie-hôpital. Après avoir appartenu primitivement à l'abbaye de Roncevaux, qui sans doute l'avait fondée, elle devint la propriété de l'évêque et du chapitre de Bayonne. Elle remontait jusqu'au xie se. Sa belle église du style de transition, du xie au xiie se, aujourd'hui malheureusement *déformée* (2), démontre la haute antiquité de cet établissement hospitalier. Entre autres biens, elle possédait, jusqu'à la Révolution, « un moulin auprès de la maison, étant éloigné de tout peuple, dont le plus voisin des villages est à demie lieu... Plus, il y a 20 arpents de terres blanches, plus 500 pieds de pommiers, plus la jouissance de tout le territoire d'Orsez, et l'on peut y mettre si l'on veut, des troupeaux de vaches ; plus quatre journées de faucheurs de prairie ; plus les canaux ou conduits autour de la dite maison... » Je certifie qu'il y a au feuillet 195 du livre, une capitation comme s'en suit : *Etat des poules et chapons de rente de chaque année au monastère de Roncevaux* (3).

Ossès : Vallis quæ Ursaxia dicitur vers 983 (ch. du chap. de Bayonne) : — *Vallis quæ dicitur Orsais* 1186 ; — Ossais xiie se (cart.

(1) *Not. utr. Vascon.* p. 290.
(2) V. nos *Rech. hist.* t. I. p. 309 et 585.
(3) V. nos *Rech. hist.* t. I. p. 90, 151.

de Bayonne) avait son hôpital ; c'était *la casa de l'hôpital* de Uharzan. Il servait aux pèlerins, qui affluaient soit d'Irissary, soit de Baïgorry, allant à Bidarray, ou vice versa (1).

IX

CANTON DE SAINT-JEAN-PIED-DE-PORT

Nous-voici au pays et au Port de Cize, lieux redoutés par les pèlerins, à raison des injustices, des vexations qu'ils y trouvaient. Aussi la religion y multiplia-t-elle ses établissements hospitaliers, refuge et sauvegarde de l'infortuné voyageur, au milieu de ces gorges de montagne.

Saint-Jean-Pied-de-Port : Imus Pyreneus (itin. d'Antonin) ; — *Via Sancti Johanis* vers 1168 ; — Sanctus Johanes de Cisera xiiᵉ s (cart. de Bayonne fᵒ 14 et 15). Ville très fréquentée par des rois, des princes de l'église, des pèlerins, etc. Elle avait deux hôpitaux, l'un de Sainte-Marie à coté de l'église de N. D. aujourd'hui paroissiale, l'autre près de l'église de Sainte-Eulalie près du trinquet actuel (2). Dominique de Manx, par son testament du 12 février 1392, légua deux sols — malheureusement sans les nommer — à chaque hôpital placé sur la ligne *directe* de Saint-Jacques, depuis l'hôpital de Roncevaux jusqu'à Bordeaux (3). Au sortir de la ville de St-J.-Pied-de-Port, — nous avons déjà indiqué plusieurs fois cette double voie, — le chemin des pèlerins se bifurquait, l'un par Arnéguy, Val-Carlos, le long du ruisseau d'Arnéguy, l'hôpital ou cabaret de Gorosgaray, et aboutissait à Ibañeta ou la croix de Charlemagne ; l'autre par Saint-Michel, la chapelle d'Arisson, Château-Pignon, la montagne d'Altabizcar, le col de Belate et arrivait à ladite chapelle d'Ibañeta.

Aincille : Aincile xviiᵉ sᵉ (intendance c. 51) possédait un hôpital séculier pour les pèlerins.

Alciette : commune d'Ahaxe, avait la *grange* d'Alsuete mentionnée

(1) V. nos *Rech. hist.*, p. 394.

(2) V. nos *Paroisses basques*, t. II, p. 177 et suiv.

(3) V. dans nos *Paroisses basques*, t. II, p. 151, ce remarquable testament, où figurent tant d'établissements religieux et hospitaliers inconnus de nos jours. Voir encore ibid. p. 341, le testament non moins remarquable de Peès de Laxague.

en 1302 (ch. du chap. de Bayonne) pour ces mêmes pieux voyageurs.

Aphat-Ospital : commune de St-Jean-le-Vieux, ancienne commanderie avec hôpital de Malte ; — Apha-Ospital ou Saint-Blaise 1708
(visit. du diocèse de Bayonne) ; — St Blaise d'Aphat-Ospital. Cette
antique commanderie mentionnée dans la lutte de Célestin III, fut
dotée par le testament de Pées de Laxague. Le commandeur présentait aux cures de Bustince-Iriberry, de Mendive et à la chapellenie
de Saint-Sauveur. La maison est aujourd'hui une propriété particulière,
ainsi que l'oratoire, qui sert d'écurie. D'Aphat-Ospital, les pèlerins
pouvaient se rendre directement à Saint-Jean-Pied-de-Port, ou
autrement par Çaro, Saint-Michel, et monter à Ibañeta.

Arsoritz (même commune) : Arsoritz 1428 (coll. Duch. vol. CXIV
f° 169) ; — *La casa o palacio de Arsoritz* 1510 (ch. du chap. de
Bayonne). C'était une ancienne commanderie avec hôpital, remontant
au XIIe s° et appartenant à l'ordre de Malte. Elle commença par être
une abbaye laïque appartenant à Marie Lahet, fille de Martin seigneur
de Lahet, au Labourd, et de Peralta en H°-Navarre. Nous ignorons
comment elle passa aux Messieurs de Malte. Qui voudra parcourir
les nombreux documents relatifs à cet établissement dans les Archives
départementales nous le dira.

Il possédait « un moulin auprès de ladite commanderie, plus une
montagne aux environs ; plus cinq maisons redevables chacune de
trois sols par an ; plus une maison qui fait fief en la paroisse de
Zebala où est établie Arsoritz, qui paye chaque année trois sols, et est
tenu d'aller moudre au moulin d'Arsoritz ; plus 60 arbres autour
de la commanderie ; plus 500 pieds de pommiers, tant jeunes que
vieux devant la porte ; plus 15 arpents de terre blanche tout auprès ;
plus une grange distante d'un quart de lieue de ladite maison avec
40 arpents de terre blanche ; plus 70 journées de faucheurs de
prairie ; plus la tierce partie de la dîme de St-Pierre de *Usacoua* ;
plus la moitié des offrandes de la même paroisse les quatre fêtes
annuelles ; plus la servitude et jouissance de tout le retour de
Cize. » Les archives départementales, à la date de 1686, contiennent
plusieurs enquêtes et autres pièces relatives à l'importante commanderie d'Arsoritz (1).

(1) *Le Trésor de Pau,* p. 308.

Behorleguy : Behorgui 1513 (ch. de Pampelune) ; N. D. de Behorleguy xviii° s. (Visite past. du Diocèse de Bayonne). La cure était à la présentation de l'Abbaye de Roncevaux. C'était probablement une de ses dépendances avec hôpital de Saint-Michel.

Bussunarits ; Buzunari (1) ; 1513 (ch. de Pampelune, avait une commanderie avec hôpital (2). C'était la même, croyons-nous, que celle de Recaldea ; c'était aussi une dépendance de Roncevaux, jusqu'au 12 février 1712, époque de l'échange de biens entre cette abbaye et l'Évêché de Bayonne (3).

Çaro : Sanctus Vincentius et Martinus de Çare 1535 (ch. du chap. de Bayonne). Il y avait un hôpital séculier. C'était Santa-Maria de Burnisa mentionné en 1119 dans le cartulaire de Sordes (p. 2 et 3). Il était une dépendance de Saint-Michel et appartenant à Roncevaux jusqu'à 1712.

La Madeleine : La Magdalena 1514, (ch. de Pampelune). C'était un ancien prieuré avec hôpital dépendant du monastère de Lahonce, et situé dans la commune de St-Jean-le-Vieux, aux portes de St-Jean-Pied-de-Port.

Voie d'Aphat-Ospital à la chapelle d'Ibañeta, par Saint-Michel.

Saint-Michel : San-Miguel-el-Viejo en ultra Puertos 1500, (ch. du chapitre de Bayonne) ; — San Miguel (ch. de Pampelune). C'était une commanderie avec hôpital appartenant primitivement à l'abbaye de Roncevaux, qui l'avait sans doute fondée, et par droit d'échange de biens, à l'évêque et au chapitre de Bayonne. Elle remontait au XII° s.

L'église Saint-Vincent, en dehors du bourg, sur la rive gauche de la Nive, est de la même époque s'il faut en juger par la porte d'entrée principale. Elle vient d'être remplacée par une nouvelle de fort bon goût, bâtie au bourg, dans une ancienne caserne cédée par le très obligeant M. Louis Etcheverry, ancien député. Que le Seigneur le lui rende au centuple !

Au-dessus de l'Église de Saint-Vincent, il y avait une chapelle dédiée à Saint-Michel. — A l'extrémité du bourg, côté d'Esterençuby,

(1) Nos rech. hist. t. I. p. 551 et nos *Paroisses basques,* t. II. p. 267.

(2) *Arch. départ.* g. 106.

(3) V. Le contrat d'échange de biens entre l'évêque et le chapitre de Bayonne et Roncevaux, dans nos *Paroisses basques,* p. 276 et suiv.

était la chapelle de Saint Barthélemy avec un hôpital. L'oratoire a disparu, mais le nom de l'hôpital s'est conservé et se conserve encore dans une maison. La chapelle de Saint Barthélemy, dite succursale, renfermait le Saint-Sacrement et les saintes huiles pour les malades, à raison de l'éloignement de l'église paroissiale de Saint-Vincent.

La commanderie était-elle à côté de la chapelle de Saint Barthélemy ou à la chapelle de Saint Michel ? Dans nos *Paroisses basques* nous avons été pour la première opinion. Après de nouvelles recherches, nous n'osons l'affirmer. Quoi qu'il en soit, nous connaissons au moins une partie de son domaine : « un moulin auprès de la maison, c'est-à-dire de la commanderie ; plus 20 arpents de terre blanche ; plus 10 journées de faucheurs de prairie ; plus le dime de Saint-Michel ; plus le dime de la paroisse de Çaro ; plus les habitants de Çaro sont sujets de la commanderie de Saint Michel et doivent payer chacun trois sols par an, et sont tenus d'aller moudre leurs grains au moulin de Saint-Michel ; et en causes civiles en 1re instance, ils ont leur juridiction sur eux, excepté cinq ou six maisons, qui n'y sont pas assujetties pour être *infançonnes* : plus ladite commanderie a droit de retirer les offrandes les quatre fêtes de l'an sur la paroisse de Behorleguy, qui est actuellement en procès ; plus ladite commanderie a ses servitudes et jouissances dans le territoire de Cise. » — La belle plaine, d'environ une vingtaine d'hectares, qui font le susdit domaine, appartenait primitivement à l'abbaye de Ronceveaux, et depuis l'échange des biens, à l'évêque et au chapitre de Bayonne. La Révolution a tout vendu. (1)

Chapelle et château d'Orissun. Cet établissement était au-dessus de l'église de Saint-Michel, tout près de la voie romaine. Ancien prieuré, il dépendait de l'Abbaye de Lahonce et servait d'auberge aux pèlerins. Les collations du diocèse le mentionnent à la date de 1686 sous le nom de *Prioratus Sanctæ-Mariæ Magdalenæ* de Lorizun, Sancta Maria Magdelena d'Arissonas. (2)

Chapelle d'Arrocalus ou d'Errecolus. C'était un ancien prieuré avec hôpital sur la voie romaine et au dessus de la chappelle d'Arissun, au lieu même ou s'éleva plus tard le château Pignon. C'est une

(1) Voir nos *Paroisses basques* t. II, p. 328.
(2) Voir nos *Paroisses basques* p. 389 — et nos *Rech. hist.* t. 1, p. 377.

ancienne carte militaire que nous avons cédée à la ville de Bayonne qui nous donne ces indications. Ce modeste édifice hospitalier pour les pèlerins et les passants est indiqué par la Coll. Duchesne (CXIX f° 127) à la date de 1328 sous le nom de Sente Marie de Beibeder et par les collations du diocèse en 1686, sous celui de prioratus de Sanctœ Mariæ de Reculus dépendant de Roncevaux, et, depuis l'échange des biens, de l'évêque et du chapitre de Bayonne.

Voie de St-Jean-Pied-de-Port à Ibañeta, par Lasse, Arnéguy, Val-Carlos, les auberges Irasquela et Gorosgaray.

Mocosail (commune de Lasse) : — Mocozuagan 1621 (Martin Biscay) ; — Morsail 1690 (carte de Mantelli) ancienne commanderie avec hôpital remontant au temps de Charlemagne qui, d'après une légende locale l'aurait fait bâtir et, d'après une autre, visitée. Jusqu'à l'époque de l'échange des biens en 1712, elle appartenait à Roncevaux, et depuis cette époque à l'évêque et au chapitre de Bayonne.

« Elle possédait le quart de la dîme de la paroisse de Hugarte (Uhart) ; plus 16 arpents de terre blanche environ ; — plus 6 journées de faucheurs de prairies ; plus un verger à pommes ; — plus un terrain en rond ? appelé *Autalatze* ; et les habitants de Hugarte ont seulement le pouvoir d'en user ; plus il y a autour de la maison beaucoup d'arbres tant châtaigniers, noyers, cerisiers et autres fruitiers, un grand terrain inculte qu'on ne peut pas labourer à cause de sa maigreur ; plus la jouissance de la servitude de tout le territoire de Cise ; plus elle a droit d'oblation, les quatre fêtes de l'an, dans l'église de Hugarte ; plus elle a ses canaux ou aqueducs autour de ladite maison. » (1)

Irasquela et Gorosgaray. C'étaient deux hôpitaux situés au-dessus de Mocosail dans la montagne pour le service des pèlerins.

Un autre hôpital et oratoire était situé au-dessus de ces deux susmentionnés. Les archives départementales (Série G. 201) mentionnent, sous la date de 1118-1355, 1° la vente de cet oratoire et église qui étaient situés *in loco qui dicitur summus Portus* ; 2° celle des hôpitaux d'Irasquela et de Gorosgaray par Raymond, abbé de St-Sauveur, (diocèse de Pampelune, à l'abbaye de Roncevaux moyennant 3.000 sous (ibid.).

(1) Voir nos *Recherch. hist.* t. 1, p. 153 ; — Nos *Paroisses basques*, § II, p. 271, 280.

Dans les mêmes archives (ibid.) on trouve une enquête relative aux droits de Roncevaux sur la vallée de Val Carlos affirmant que les habitants de la vallée depuis la chapelle de Saint-Sauveur (Summi Portus) jusqu'à celle de Monconseil (Mocosail) recevaient les sacrements de St-Jean-d'Irasqueta.

Tels sont les établissements religieux et hospitaliers, que dans sa féconde charité, l'Eglise avait élevés sur la voie double de St-Jean-Pied-de-Port à Roncevaux, et d'Arnéguy et Valcarlos à Ibañeta. Les hôpitaux de Béhorleguy, de Bussunaritz, d'Apat Ospital, etc., indiquaient des chemins de raccourci allant à la frontière espagnole. La religion avait multiplié ces asiles dans les gorges de montagnes que les faux pèlerins, les voleurs, les bêtes fauves et les torrents rendaient périlleuses. Pour plus amples détails sur la chapelle d'Ibañeta et le célèbre monastère de Roncevaux, nous renvoyons les lecteurs à nos *Recherches historiques* sur le Pays Basque.

X

CANTON DE MAULÉON

Commanderie de Malte à Mauléon, près de l'église de Berraute. La commanderie de St-Jean-de-Berraute est mentionnée dans les contrats de Luntz (f° 79) à la date de 1382 ; mais il est certain qu'elle remonte à une plus haute antiquité (1). Pierre d'Orceiller qui vivait en 1281 en est le premier commandeur dont le nom nous soit parvenu. Lors du remaniement des dépendances de l'ordre de Malte au XIVe siècle, elle devint une succursale de la commanderie d'Arceins. Elle en fut séparée en 1686 et acquit une grande importance par l'affectation qui lui fut faite des revenus de la commanderie de St-Blaise de Mons. Sauveur de Glandever en était le commandeur à cette époque. Dans les derniers temps la commanderie dépendait du grand prieuré de Toulouse. Le commandeur était seigneur spirituel et curé primitif, avec droit de nomination et de collation à la vicairie perpétuelle de l'église de Berraute et des annexes de Libarrenx et Larrebieu, et jouissance des dîmes de ces deux paroisses et de celle de Mauléon. N.-D. de Malte, lieu de pèlerinage très fréquenté, à Barcus, était une dépendance de cette commanderie. A la métairie

(1) V. sur cet établissement l'étude si remarquable de M. de Jaurgain : *Les capitaines châtelains de Mauléon.* (Revue de Béarn, an 1884), et celui du docteur Larrieu, dans le *Bulletin de la Société des Sciences,* etc., de Pau, 1891-2, p. 359.

dite de Berraute, étaient attachés à titre de fief, 1° 80 conques de froment, 2° plusieurs terres labourables, vignes, prairies, bois, etc. Une lettre du 19 mars 1791 apprend que d'abord on hésita à déclarer biens nationaux la commanderie, sa métairie, ses dépendances, ses revenus qui montaient alors à près de 5100 livres de rente. Aussi parut-il avantageux de les vendre au profit de la Révolution. Le 5 juillet 1793, le citoyen E., fermier de la métairie, devint adjudicataire de ce domaine et de ses dépendances pour la somme de 40,500 livres, le tout appartenant aux Maltais.

L'hôpital des pèlerins, à la charge des frères hospitaliers, s'élevait, comme du reste la métairie, près de l'église de Berraute qui était paroissiale.

Anharp : Ayharp, 1472 (notaires de la Bastide-Villefranche, n° 2, f° 20). — L'espitau d'Anharp, Aynharp, 1479 (contrats d'Ohix, f° 75) : c'était un prieuré avec hôpital, appartenant au diocèse d'Oloron. Au xiiie siècle, il participa aux dispositions testamentaires de Gaillard de Leduix, évêque de cette ville.

Barcus : Barcuys, 1384 (noti. de Navarrenx). — Sent Saubadour de Barcuix, vers 1470 (contrats d'Ohix, f° 10). La commanderie de Berraute, nous l'avons déjà dit, possédait dans cette vaste paroisse une dépendance, N.-D. de Malte, lieu de pèlerinage très fréquenté ; et il est probable que les pèlerins y trouvaient un refuge. M. Dubourg qui, sous le nom de commanderie de St-Blaise-des-Monts, parle de celle de Berraute, mentionne aussi N.-D. de Malte de Barcus. (P. 414).

Hôpital St-Blaise ou *de la Miséricorde* : La commanderie et l'hôpital de *Misericordi* sont mentionnés à la date de 1351 dans la notice d'Oloron (n° 4, f° 48). Mais cette commanderie remonte, à notre connaissance, jusqu'au xie siècle. Elle jouissait d'un grand renom et elle participa aux dispositions testamentaires de Gaillard de Leduix, évêque d'Oloron (1288-1308), d'Amanieu VII d'Albret, de sa fille Marthe, vicomtesse de Tartas, aux libéralités de Gaston Phœbus, vicomte de Béarn, qui lui fit don du droit de pacage dans le bois de Josbaigt ou de *Landar-Oihana*.

En 1768, les religieux Barnabites l'achetèrent à Gabriel de Moncin, abbé d'Armendarits, qui en était le commandeur. Onze ans après, les habitants du lieu demandèrent l'annulation de la vente. Le procès n'était pas terminé quand éclata la Révolution qui « mit les plaideurs d'accord » en confisquant le tout. Le 17 août 1791, Monsieur de M.... devint adjudicataire : de la maison Lassalette avec jardin et autres lopins de terre, évalués 400 livres ; d'une borde ou écurie en ruines, avec 92 perches de cour, dépendance de ladite borde, évalué 165 livres ; d'une borde en ruine, avec jardin, pré, bois, broussailles, le tout d'une dimension de 3 arpents 50 perches, évalué 192 livres ; d'une pièce de terre, bois et fougeraies, appelés Langa, de 4 arpents 36 perches, estimés 132 livres ; d'un pré appelé Bergés, de 8 arpents 55 perches estimé 1,125 livres ; d'un autre pré appelé Mengahi (?), d'une étendue de 3 arpents 36 perches, estimé 990 livres ; d'une pièce de terre, pré appelé Vignasse, de 7 arpents 65 perches, estimé 998 livres ; d'une autre pièce de terre, touya et fougeraies, appelé Bordagaray ; de 11 arpents 55 perches, estimée 110 livres ; le tout situé à l'Hôpital St-Blaise et dépendant de l'hôpital possédé par les « ci-devant » Barnabites de Lescar et de Luc, pour la somme de 17,400 livres (1).

De cet antique asile de la charité, il ne reste plus aucun vestige reconnaissable, sauf la chapelle, aujourd'hui église paroissiale, qui est un bijou du style de transition. Nous croyons avoir été le premier à en faire la description (2) ; et nous avons contribué avec le très regretté M. Boeswillwald, à en faire classer une partie parmi les monuments historiques. Pourquoi n'y classerait-on pas tout l'édifice, également remarquable dans toutes ses parties ?

Idaux-Mendy : Sent Pée d'Idaux, 1451 ; Ydauce, 1479 (ch. du chap. de Bayonne) ; Sent Marthii de Mendy, 1451 (ch. du chap. de Bayonne). Ces deux paroisses, dépendant de la commanderie d'Ordiarp, pouvaient être deux étapes ou refuges destinés aux pèlerins.

Ordiarp : Cette célèbre commanderie est mentionnée dans les contrats de Luntz, f° 106, sous le nom d'Urdiarb, à la date de 1375 ; et dans la charte du chapitre de Bayonne sous le nom de Hospitau de Urdiarp, 1421. Mais il est certain qu'elle remonte à une époque ultérieure. Les uns attribuent sa fondation à Charlemagne, d'autres

(1) Reg. L des *Arch. Dép.* partie révol., vente aux enchères des biens nationaux.

(2) V. nos *Rech. hist.*, t. I., p. 85-88.

aux Croisés, d'autres enfin à des seigneurs Souletains et notamment
à Loup de Janute, vers 1115. M. l'abbé Dubarat, aumônier du Lycée
de Pau, qui a fait un remarquable travail sur « La Commanderie et
l'hôpital d'Ordiarp » (1), pense que primitivement Ordiarp fut
occupé par une communauté de clercs réguliers, qui s'unit à
Roncevaux et y transporta tous ses droits. A son avis, la fondation
de l'hôpital eut lieu probablement vers 1270. M. l'abbé Dubarat
donne in-extenso l'historique de cet établissement, la liste de ses
commandeurs, de ses dépendances, rappelle les nombreux démêlés
survenus entre le chapitre de Roncevaux et celui de Bayonne, et
enfin publie, au milieu de nombreuses pièces justificatives, le contrat
d'échanges de biens entre lesdits chapitres, le 12 février 1712.

La commanderie et l'hôpital d'Ordiarp furent favorisés par les
dispositions testamentaires de Gaillard de Leduix, évêque d'Oloron.
L'hôpital d'Ordiarp fut transféré à Mauléon par lettres patentes du
roi, datées de 1715.

Pagolle : Grangia de Paguola, 1173 ; Pagaule xiiie siècle. (Col.
Duchesne, vol. CXIV, f° 47). Nostre-Dame de Paguole, vers 1460.
C'était un ancien prieuré possédant un hôpital, desservi par les
Prémontrés et dépendant du diocèse d'Oloron.

Roquiague : Aroquiaga, 1478 ; Aroquiague 1495 (contrats d'Ohix,
fos 17 et 79) ; ancien prieuré avec hôpital, dépendant du diocèse
d'Oloron (2).

Undurein : Andurench, 1380 (contrats de Luntz, f° 82) ; Undu-
rench, 1455 (Col. Duch. v. CXIV, f° 43) ; figure dans l'ouvrage de
M. Camille Daux comme un lieu d'étape des pèlerins de St-Jacques.
Mais M. Daux se trompe en plaçant cette localité et celle d'Oyhercq
immédiatement après la commanderie et l'hôpital de St-Antoine de
Navarrenx ; il y avait des hôpitaux intermédiaires. Il existait un
chemin de raccourci de l'Hôpital St-Blaise à Utziat-Larceveau, par
Undurein, Ordiarp, Pagolle et St-Just ; un autre, de Barcus au même
lieu par Roquiague, Mauléon, Ordiarp et St-Just.

(1) Pau, Léon Ribaut, rue St-Louis, 6. — Paris, Alph. Picard, 82, rue
Bonaparte. — Voir aussi nos *Rech. hist.*, t. I, p. 89 ; t. II, p. 135.

(2) V. nos *Rech. hist.*, t. I, p. 90.

XI

Canton de Tardets

Tardets : Tardetz, 1249 (not. d'Oloron n. 4 f° 50) ; Tardetz, XII° s. (Col. Duch. v. CXIV, f° 18). Il y avait un hôpital dont le nom a été conservé par une maison située près de l'ancienne église. Cette église, construite au milieu du cimetière, était du style de transition et remontait au XII° siècle. Elle a été remplacée par une nouvelle église vers 1867.

Larrau : Sanctus Johannes de Larraun 1174 ; l'Ospitau de Larraun 1385 (Col. Duch. CXIV, f° 36 et 43). Prieuré et hôpital donné en 1174 par Sance de Larrau et sa femme Andere-Quina au couvent de Sauvelade (Béarn), où Sance lui-même fut reçu comme moine. L'abbé de ce dernier monastère devenu ainsi le seigneur de Larrau y fut représenté par le prieur de cet hôpital. L'abbé de Sauvelade conserva jusqu'à la Révolution son droit de seigneur sur Larrau qui avait une justice particulière relevant de la cour de Licharre. L'église actuelle qui était la chapelle de l'hôpital est un monument du XIV° siècle, à deux ou trois travées auxquelles on a ajouté un appendice assez difforme (1). Les pèlerins de cet hôpital passaient par le port de Larrau pour aller en Espagne.

Sainte-Engrâce : Antique hôpital situé en un lieu appelé Urdach ou Urdaix, en un des points où les limites de la Soule, du Béarn, de l'Aragon et de la Navarre semblent se confondre sur les hautes montagnes des Pyrénées. A côté de l'hôpital, il y avait une chapelle dédiée à Sainte-Engrâce, d'où le nom du village. Cet établissement hospitalier, qu'un manuscrit de Philippe de Bela fait remonter aux temps de Charlemagne, devint assez important pour que Sanche I°, roi d'Aragon et de Pampelune le donnât à l'abbaye de Saint-Sauveur de Leyre, en date du 5 des calendes de février en l'ère 1123 (c.-à-d. 1085) (2).

(1) V. nos *Rech. hist.*, t. I, p. 89, 410.

(2) V. nos *Rech. hist.*, t. I, p. 82, 439 et surtout notre *Monographie de* cette antique abbaye. Bayonne, imprimerie Lasserre, 1863.

Note sur quelques établissements étrangers au pays. — Exemples de sauvegarde et de protection de l'Eglise sur eux.

I. — Nous avons pensé un moment à étendre notre modeste travail jusque dans le Béarn, cette partie si intéressante de notre diocèse ; mais, outre que nous ne le connaissons pas suffisamment, le Béarn a ses érudits, ses écrivains, ses chercheurs émérites. Nous leur cédons cette tâche. Et cependant, au risque de nous contredire et de faire un hors-d'œuvre, nous ne pouvons résister au plaisir d'enregistrer les noms de quelques établissements hospitaliers des vallées de Saint-Savin et de Cauterets (Hautes-Pyrénées). On voudra pardonner ce caprice de chroniqueur à celui qui, à l'exemple du chevalier de Bela, a pour devise : *Omne utile carpo.*

C'était au mois de juillet dernier. Caressant déjà dans notre esprit le projet de notre travail sur Saint-Jacques, nous allions demander quelques jours de repos aux eaux bienfaisantes de Cauterets. Emportés à travers de profonds précipices, dans d'élégantes et rapides voitures électriques, nous nous trouvions au-delà de Pierrefitte, dans la plaine d'Argelès. A la vue des ruines d'une ancienne abbaye (celle de St-Savin) un de nos compagnons de route nous intéressa par un rapide aperçu de la légende de cet antique monastère. Notre curiosité d'historien fut vivement excitée. Hélas ! elle ne put pas être satisfaite, notre aimable narrateur ayant dû nous quitter.

Heureusement la Providence (car il y en a une aussi pour les chroniqueurs), nous réservait une nouvelle et heureuse rencontre. Le soir même de notre arrivée à Cauterets, nous eûmes la bonne fortune de nous trouver en compagnie d'un excellent médecin, aussi érudit en histoire locale qu'habile praticien, M. le Dr Duhourcau, c'est tout dire.

Les chroniqueurs se devinent : nous fûmes vite liés d'amitié, nous pouvons employer ce mot. L'aimable docteur, avec la grâce qui le caractérise, nous passa une de ses délicieuses brochures : *La maison hospitalière et l'église de Cauterets,* ainsi que plusieurs notes manuscrites qui attendent le prochain moment de paraître. Notre séjour à Cauterets ne devait pas être long : pour être chroniqueur, on n'est pas toujours riche. Puis, en route, là-bas, dans un buffet que nous ne nommerons pas, mais constellé de toutes les étiquettes de l'alcoolisme moderne, ne nous donna-t-on pas une leçon de choses ! « Infandum !... » Une note de 0,90 centimes pour une omelette de deux œufs, sans pain ni vin ! C'est bon à noter pour les chroniqueurs présents et à venir qui seraient tentés de se restaurer à pareille enseigne. Profitant donc de notre passage à Cauterets, des notes autrement agréables du docteur Duhoureau nous tirâmes les extraits qu'on va lire.

L'abbaye de Saint-Savin s'élevait dans la vallée de ce nom, au-dessus du défilé de Pierrefitte, en face de la plaine d'Argelès, entouré d'un cercle de montagnes abruptes et de ravins fort sombres. Elle était, dit-on, bâtie sur l'emplacement du *Palatium Œmilianum*, quelque ancienne résidence romaine. On attribue sa fondation à Charlemagne qui l'aurait cédé aux enfants de saint Benoît, ces pieux et vaillants religieux qui, aujourd'hui comme alors, plantant une croix dans les lieux les plus arides et les plus déserts, se groupent tout autour pour donner au monde l'exemple des plus hautes vertus. Qui pourra dire celles des Pères de Saint-Savin ? On raconte que quelques-uns d'entre eux se détachaient parfois de leurs confrères pour aller se livrer à la vie contemplative, au sommet des montagnes voisines. Nous ignorons si l'histoire du monastère de Saint-Savin a été faite ; mais il y aurait là, croyons-nous, une belle page à écrire.

La vallée de Rivière (Cauterets) fut octroyée en 945 à Bernard I, abbé de Saint-Savin, par le comte Raymond de Bigorre, donation que Henri de Navarre (Henri IV) confirma par charte du 18 décembre 1592. Dès lors, Saint-Savin acquit de fort vastes domaines qu'il conserva jusqu'à l'époque de la Révolution. Inutile de dire que l'antique monastère possédait dans ses murs un hôpital destiné aux pèlerins et aux voyageurs pauvres, sans compter les établissements de même destination qu'il avait contribué à élever dans les environs.

M. le docteur Duhoureau cite encore 1° l'hôpital de Gavarnie dont il est parlé dans la sommaire description du pays de Bigorre, récemment éditée, de Guillaume Moran, de Tarbes ; 2° l'hôpital d'Ax, dans l'Ariége, mentionné par M. Marcailhou dans son intéressante *Monographie d'Ax*. Si nous parlons de ces derniers établissements, c'est pour démontrer, encore une fois, la féconde charité avec laquelle l'Eglise a su placer de pieux asiles jusque sur les derniers contreforts de ces montagnes.

Mais pourquoi, dira-t-on, ces hôpitaux dans des parages si peu accessibles et pour quels pèlerins ? Nous entendons parler ici, surtout, des vallées de Saint-Savin, de Cauterets et des environs. C'était pour des voyageurs qui allaient en Espagne ou en venaient. Qui ne connaît les relations des habitants des deux versants des Pyrénées entre eux ?

C'était aussi, croyons-nous, pour les pèlerins qui se joignaient à ceux de Sarrance, à ceux de la voie de Saint-Pée. Qu'on ne nous objecte pas les difficultés qu'ils avaient à surmonter dans ces lieux. Il y en avait évidemment de toutes sortes. Sans parler des intempéries particulièrement dangereuses dans ces régions, c'était des chemins rocailleux, des sentiers taillés en corniches autour de la montagne, de vrais chemins de chèvre. Ajoutez à cela les bandits ou l'ours affamé, qui, descendant vers ces redoutables défilés, causaient de terribles alertes aux pauvres voyageurs. Un hôpital, dans ces circonstances, était un refuge de salut. « Quant aux chemins si rudes, par les montagnes et les vallées de Cauterets, de Pierrefitte, de Sarrance, notamment la vallée d'Ossau dans toute sa largeur, il faut, dit un auteur, pour concevoir la possibilité de ce voyage, se rendre compte de l'habitude qu'avaient les seigneurs, les princes et princesses d'alors de cheminer et de chevaucher *à la paysanne*, par les routes les plus abruptes. » On était loin des funiculaires et des tramways commodes que réclament nos générations anémiées.

II. Nous avons dit plus haut un mot sur l'Ordre de Saint-Jacques de la Foi et de la Paix, fondé au XII⁰ siècle par Amanieu I, archevêque d'Auch. Les archevêques de cet antique siège se sont toujours occupés des pèlerinages. M. Duhourcau parle d'une lettre de Gérald de La Barthe, archevêque d'Auch (1170-1190) qui, confirmant une autre lettre de son prédécesseur, Guillaume, métropolitain d'Auch et prélat romain, prend sous sa sauvegarde « l'hôpital dit de Caldarès (Cauterets), suivant l'exemple de Dom.Guillaume d'heureuse mémoire, notre prédécesseur. Nous statuons qu'aucun homme n'osera en aucune occasion quelconque violer cette sauvegarde, ni faire aucune violence aux pauvres qui vivent dans cet hôpital, ou autre personne y entrant ou en sortant ni leur enlever leurs biens. Mais comme cet hôpital sert au soulagement et à la réfection de tous les nécessiteux qui s'y présentent, qu'il soit aussi gardé sévèrement à l'abri de toute vexation des profanes et de la malice des méchants. Et parce que ce dit asile est comme servant à l'utilité de plusieurs, nous statuons qu'il ne tombera pas sous l'interdit commun, mais qu'il sera permis aux habitants de ce lieu, séparés du monde en expiation de leurs fautes, d'y célébrer en tout temps les offices divins. Si quelqu'un, à l'avenir, connaissant cette page de notre constitution, tente de se lever contre elle, après un second ou un troisième avertissement, s'il n'a pas donné une satisfaction suffisante, qu'il sache qu'il sera accusé au jugement de Dieu de son iniquité commise, et qu'il soit frappé d'excommunication. »

Le même docteur cite la bulle suivante d'Alexandre III, datée de Tusculanum, du II des Calendes d'Août (22 juillet du calendrier actuel), sans millésime, mais remontant à la même époque que le mandement de Gérald de la Barthe, sinon antérieur ; car le même pape, en mars 1167, c'est-à-dire avant que Gérald fût archevêque d'Auch, avait, par une grande bulle datée de Latran (16 Calendes d'avril 1167) dont l'original existe aux archives de Pau, pris sous sa protection les religieux et le monastère de Saint-Savin et confirmé la possession de tous leurs biens présents et à venir.

Dans la bulle relative à l'hôpital de Cauterets, Alexandre III écrit ceci au procureur de cet hôpital et à ses frères : « Pour entretenir la religion et la conserver plus pleinement dans son état et dans sa force, il nous plaît de donner toute notre attention aux biens qui sont consacrés à l'hospitalité et aux soins des pauvres ou à d'autres œuvres de piété ; et il nous paraît convenable de les munir de la protection apostolique contre l'insolence des méchants. C'est pourquoi, chers fils dans le Seigneur, recueillant favorablement vos justes demandes, nous prenons le dit hôpital avec tout ce qu'il possède légitimement dans le présent et qu'il pourra acquérir dans l'avenir par de justes moyens avec l'aide du Seigneur, sous la protection du Bienheureux Pierre et la Nôtre, et nous le mettons sous le patronage du présent écrit.

« Nous statuons qu'il ne sera permis absolument à aucun homme d'attenter témérairement au dit hôpital ou à ses droits ou de les troubler par autre vexation. Que si quelqu'un a osé leur porter atteinte, qu'il sache qu'il encourra l'indignation de Dieu Tout-Puissant et des Bienheureux Pierre et Paul.

Donné à Tusculanum, le II des Calendes d'août. »

On pourrait se demander pourquoi on ne trouve pas de documents semblables relatifs aux établissements hospitaliers de notre pays ; car l'Église est partout la même et manifeste partout la même vigilance sur les biens de ses enfants. C'est, sans doute, parce qu'on n'a pas eu à y redouter les mêmes périls ni les mêmes vexations, ou bien parce qu'on ne s'est pas livré aux recherches voulues, dans les grandes archives, telles que celles de Roncevaux, de Pau, d'Auch, etc. Qu'on nous permette ici d'émettre un vœu, celui de voir des chroniqueurs attitrés, des archivistes diocésains rétribués pour faire des recherches et copier les documents sur place. Certains, ce nous semble, négligent trop d'y recourir. Ils se contentent de quelques bribes, prises de droite et de gauche, qu'ils reproduisent sans aucun nom d'auteur, en les agrémentant plus ou moins de légendes locales le plus souvent controuvées. C'est fausser l'histoire et rendre difficile la tâche de celui qui doit réunir toutes les pierres de l'édifice historique du pays. Mais concluons, sans nous égarer davantage dans notre digression.

Basques, Béarnais, Gascons, Bigourdans, nous, enfants des croisés et des pèlerins de Compostelle, allons à Santiago. Les Basques d'au-delà les monts nous y suivront ; et la catholique Espagne, se rappelant ce qu'elle doit à son patron, nous accueillera par des fêtes dignes d'elle et de son grand apôtre !

Ciboure, ce 22 janvier 1900, fête de Saint Vincent, diacre, martyr de Saragosse (1).

P. HARISTOY, *prêtre.*

(1) Nous sommes heureux de remercier M. l'abbé Camille Daux, historiographe du diocèse de Montauban, qui a bien voulu nous prêter, pour cette modeste étude, deux clichés qui ornent son beau travail *Le Pèlerinage à Compostelle* (In-8°. Paris. Champion. 1898).

PAU

IMPRIMERIE CATHOLIQUE. — G. LESCHER-MOUTOUÉ, IMPRIMEUR

11 — rue de la Préfecture — 11

—

1900

TABLE DES MATIÈRES

Contraste insuffisant

NF Z 43-120-14

www.ingramcontent.com/pod-product-compliance
Lightning Source LLC
Chambersburg PA
CBHW052125090426
42741CB00009B/1953